O conceito de sujeito

PSICANÁLISE PASSO-A-PASSO
Direção: Marco Antonio Coutinho Jorge

Ver lista de títulos no final do volume

Luciano Elia

O conceito de sujeito

4ª reimpressão

ZAHAR

Jorge Zahar Editor Ltda.
rua Marquês de S. Vicente 99 – 1º
22451-041 Rio de Janeiro, RJ
tel (21) 2529-4750 / fax (21) 2529-4787
editora@zahar.com.br
www.zahar.com.br

4º reimpressão: 2014

Composição eletrônica: TopTextos Edições Gráficas Ltda.

Capa: Sérgio Campante

CIP-Brasil. Catalogação-na-fonte
Sindicato Nacional dos Editores de Livros, RJ

E39c Elia, Luciano
O conceito de sujeito / Luciano Elia. — Rio de Janeiro: Zahar, 2004.
(Psicanálise passo-a-passo; 50)

Inclui bibliografia
ISBN 978-85-7110-815-8

1. Sujeito (Filosofia). 2. Psicanálise. I. Título. II. Série.

19-0806
CDD: 150.195
CDU: 159.964.2

Sumário

Nota introdutória, ou O Sujeito passo a passo

O saber em psicanálise é atravessado, de ponta a ponta, pelo inconsciente, o que traz muitas conseqüências, entre as quais destacamos aquela que concerne exatamente ao campo do saber e de sua transmissão, no qual se situa, imediatamente, a escrita de um livro científico. Este deve, assim, portar as marcas do campo específico de saber que se situa e por cujas características é atravessado — no caso, o campo do inconsciente.

O saber do inconsciente não é erudito. Nem por isso ele se confunde com o chamado *senso comum*, caso em que deixaria de ser inconsciente, já que estaria disponível, sem nenhum esforço, a qualquer um. Aderir a um campo regido pelas leis do inconsciente exige, portanto, a adesão a duas proposições de sentidos aparentemente opostos: "o saber marcado pelo inconsciente não é erudito, não é de especialista, não é sequer culto: é um saber *leigo*"; e: "o saber marcado pelo inconsciente não é imediatamente acessível ao leigo, e, pelo fato de não ser erudito, não se confunde com o senso comum".

Não é por acaso que Freud escreveu a psicanálise inteira sem recorrer a uma língua erudita, de especialista, que só poderia ser ouvida, lida e compreendida por iniciados, "alfabetizados" nessa língua. O que Freud produziu, o discurso psicanalítico, traz um *senso (bastante) incomum* — não é, definitivamente, o senso comum —, mas é escrito com o *verbo comum*. Os "conceitos" de Freud são forjados com a língua corrente, em seu caso, o alemão. Isto não é apenas uma questão de estilo. Que Freud tinha um belíssimo estilo, não resta a menor dúvida, e por isso ganhou em 1930 um prêmio concedido a autores de obras científicas, o prêmio Goethe, por seu livro *Mal-estar na civilização*. E sua escrita não é como é apenas por questões de estilo, mas por imposições que são feitas pelo inconsciente, ou seja, por sua relação com o inconsciente: a estrutura de linguagem do inconsciente impõe a todo aquele que se engaja em suas vias uma exigência, que decorre do fato de que o saber do inconsciente não se escreve com linguagem douta, mas corrente.

O que seria um saber que recusa as atribuições antinômicas de *erudito* e de *senso comum* ao mesmo tempo, recusando, no mesmo golpe, também uma mescla proporcional das duas? Como se vê, o inconsciente introduz no campo do saber novidades irredutíveis, que nos arrastam para longe das dualidades habituais com que estamos acostumados a pensar, e às quais podemos dar o nome de *subversões*, acompanhando o gesto de Lacan. Entre elas podemos destacar aquela que se formula assim: o acesso a esse saber exige um *trabalho* (*o trabalho analítico*), que se realiza através de um determinado método (*o método da psicanálise*), que estabelece um *dispositivo* (*o analítico*) e requer uma *função operante* (*o psicanalista*). Isto basta para afastar qualquer possibilidade de que esse saber seja elaborável por uma via intelectualista.

Com a exclusão da experiência psicanalítica, não há qualquer possibilidade de que se saiba o que quer que seja a respeito do inconsciente. Livros introdutórios, que se propõem a simplesmente facilitar as coisas para os interessados, banalizando, simplificando ou amenizando conceitos, fazendo curtos circuitos que só podem ser longos, propondo atalhos, economia de trajeto ou esforço, são, em minha opinião, nefastos, e, além de outros problemas, acabam por se inserir na mesma lógica que rege a concepção intelectualista ou erudicista do inconsciente, pois apenas a invertem, situando-se no pólo oposto do mesmo gradiente, que vai do banal ao erudito, do fácil ao difícil, mas sobre o eixo de uma racionalidade da consciência, elidindo assim a verdadeira dificuldade.

Portanto, podemos supor que, em contrapartida, livros extremamente eruditos, avançados, complexos, mas desabitados das incidências do inconsciente (que, como propus antes, não são acessíveis senão através do método psicanalítico) nada podem dizer de eficaz ou verdadeiro sobre o saber do inconsciente.

Ir *passo a passo* é algo, portanto, que convém ao nosso campo, ao nosso sujeito, ao nosso tema. Não há como ir correndo, por uma via simplificadora, nem supor que a longa via que nos espera só exigirá de nós o esforço intelectivo de entendimento, que progride por incontáveis passos e/ou saltos da razão reflexiva de nossa inteligência. A via exige *mais* de nós, a começar por uma perda, que ocasiona um *a menos*: a perda da dupla ilusão de que, por qualquer uma dessas duas vias, que na verdade são duas facetas da mesma, poderemos avançar a respeito do inconsciente, do saber em psicanálise, e do sujeito. Este livro não se inscreve, portanto, sob a rubrica de um "o sujeito ao alcance de todos", ou "tudo o que você sempre quis *saber* sobre o *sujeito*...". O saber sobre o sujeito não está ao alcance de todos, e não estará ao alcance de ninguém que não queira se dar ao trabalho psicanalítico. Tentemos dizer por quê.

O sujeito e o conceito

Será que podemos dizer que o *sujeito* em psicanálise é um *conceito*, no sentido científico ou filosófico do termo? Como categoria nocional elaborada teoricamente, designada por uma palavra que lhe dá sua unicidade, precisão e rigor, é claro que *sujeito* é um conceito: é isso que faz com que essa categoria integre o *corpus* teórico da psicanálise, constituindo-se, aliás, como uma das categorias teóricas mais essenciais deste *corpus*. Podemos também acrescentar que é um conceito lacaniano, pois foi Lacan quem o introduziu na psicanálise, já que essa categoria não é do texto de Freud e tampouco foi utilizada pelos pós-freudianos.

Entretanto, se examinarmos mais de perto a questão colocada, a de saber se *sujeito* é um *conceito*, começaremos a verificar que não é tão simples de se responder. O que é um conceito, no campo da filosofia e da ciência? Como é suficientemente evidente, um profundo e complexo exame dessa categoria em tais campos seria inteiramente impraticável — e digo ainda, indesejável — no contexto deste livro. Assim, tentemos tomar apenas o necessário, dos campos científico e filosófico, para poder responder à nossa questão, colocada pela e para a psicanálise.

A ciência é um advento moderno, que data do século XVII. Assim, a expressão "ciência moderna" contém um certo pleonasmo: a ciência surge como moderna. Isto quer dizer que ela é o resultado de um corte discursivo que rompe com o que se chama *episteme antiga* (para opor justamente ao *moderno*). Através deste corte, passamos do *mundo fechado ao universo infinito*.

Podemos acompanhar uma idéia de Lacan e dizer que *sujeito* é uma categoria igualmente moderna, e seu surgimento é contemporâneo ao da ciência. Vamos observar essa proposta de Lacan para saber como o sujeito — nosso tema central — veio ao mundo, e verificar se ele aqui veio como um conceito.

O corte da ciência moderna se evidencia quando tomamos o exemplo da mudança radical de nível que se produziu em relação ao problema da queda dos corpos. É muito diferente pensar que os corpos caem porque o lugar natural daquilo que é pesado, *grave*, é "o mais baixo" (formulação apreensível ao sentido da *compreensão* humana, fundada em significados e valores estabelecidos e compartilhados), e afirmar que os mesmos corpos que parecem cair estão, na verdade, sendo atraídos pela Terra porque estão próximos a ela e têm menos massa do que ela. Aliás, eu é que estou procurando escrever de um modo compreensível a lei que então se enuncia, na verdade, de modo bem menos compreensível porém bem mais preciso no sentido do rigor de sua universalidade: "matéria atrai matéria na razão direta das massas e inversa das distâncias".

A partir desse abalo, de que se pode estar seguro, afinal? É no ponto de angústia, por assim dizer, desse momento, que Descartes, fazendo da dúvida seu método, responde algo que pode ser enunciado assim: "não posso não estar certo de que, ao duvidar de tudo, inclusive do fato de que estou duvidando, continuarei duvidando, e assim a única certeza que posso ter é a de que duvido".

Descartes inaugura assim o *Cogito* pela proposição que se tornou famosa: *Cogito, ergo sum*, a ser traduzida em português como *Penso, logo sou*, e não como se traduz costumeiramente: *Penso, logo existo*. Em primeiro lugar há uma razão de exatidão de língua e de tradução, dado que a forma latina é *sum* — o verbo é *ser* — e a forma em francês, língua de Descartes, é "*Je pense donc je suis*", e não "*Je pense donc j'existe*". E também pela boa razão filosófica de que a questão da *existência*, do *ser que continuaria sendo em exterioridade ao pensamento que o pensa*, do *ex-sistir* (subsistir *fora* — *ex* — como uma entidade), não era garantida pelo *Cogito*. Este só garantia o ser do pensar, uma *res cogitans* (substância pensante) distinta da *res extensa* (substância material), que se estende em corpos no espaço. Para garantir a existência das coisas, e também de um sujeito pensante que pudesse seguir existindo para além de seu próprio pensamento, Descartes veio a recorrer a Deus, sua terceira *res*, a *res infinita.*

Pela primeira vez na filosofia, o discurso do saber se volta para o agente do saber, permitindo tomá-lo, ele próprio, como questão de saber. Pela primeira vez não se tratava apenas de situar os seres, de pensá-los através de uma ontologia, de uma metafísica, mas de colocar em questão o próprio pensar sobre o ser, que se torna, assim, também pensável. O sujeito se desdobra, movimento pelo qual se coloca no ato de conhecer, é suposto a este ato, mas não mais como mero correlato do objeto conhecido.

Não é anódino que o sujeito apareça em um momento que poderíamos qualificar de *momento de angústia* na história do pensamento. A aparição do sujeito no cenário do pensamento se fez através da angústia e da incerteza em relação ao que se dera até então como um mundo mais ou menos compreensível para o entendimento do homem. Não se trata de dizer que não tenha havido crises no pensamento até esse momento, mas de saber discernir a magnitude dessa crise em particular — o advento da ciência moderna e sua separação da filosofia — e fazer a verificação precisa de seu valor de corte maior. A humanidade precisaria esperar mais três séculos por Freud e pela psicanálise para dispor de elementos que lhe permitissem entender a relação entre essas duas formas de emergência, a do sujeito e a da angústia, a ponto de poder enunciar que essa relação é de equivalência: a emergência da angústia *é* a emergência do sujeito.

Descartes responde, no campo filosófico em que o sujeito encontra sua primeira formulação, ao gesto de Galileu, no campo científico em que ele encontra as condições reais de sua aparição. Homologamente, um século depois, novo diálogo se estabelece entre ciência e filosofia, no que concerne ao sujeito: Kant responderá, filosoficamente, ao gesto de Newton, fundador da física moderna. Como se vê, já separadas pelo corte do advento da ciência moderna como *ciência* e como *moderna*, ciência e filosofia estabelecem correspondências discursivas e temporais. Em Kant o sujeito não aparecerá mais como uma *res*, substância consistente como em Descartes, mas como Vazio que, no campo do Entendimento, introduz a Razão, momento em que o sujeito é um sujeito transcendental, não-individual nem psicológico, sem que para isso seja necessário recorrer à *res* divina. O sujeito transcendental de Kant se aproxima mais do inconsciente freudiano do que qualquer noção psicológica de *indivíduo psicofísico*, razão pela qual sua consideração interessa — mais do que a consideração de qualquer escola da psicologia — aos psicanalistas e estudiosos da psicanálise.

Mas a ciência moderna, se ela estabelece as condições de aparição real do sujeito, como dito acima, não o toma em consideração, não opera com ele nem sobre ele. Pelo contrário, o exclui de seu campo operatório no momento mesmo em que, ao constituir este campo, supõe o sujeito. O sujeito é suposto pela ciência para, no mesmo ato, ser dela excluído, ou, mais exatamente, ser excluído do campo de operação da ciência.

Lacan afirma que "o sujeito sobre o qual operamos em psicanálise não pode ser outro que não o sujeito da ciência". Afirmação sempre espantosa à primeira vista, porque nos faz perguntar: Como assim? Como é possível que o sujeito da psicanálise, do inconsciente, seja o mesmo da ciência, se psicanálise e ciência são tão diferentes precisamente quanto ao sujeito? Como é possível que o sujeito do inconsciente já estivesse colocado pela ciência, se psicanálise e ciência são modos tão diversos do conhecer e do fazer? Retomarei esta frase de Lacan, mas quero dela extrair, nesse ponto, alguns elementos. A frase diz que, em psicanálise, operamos sobre um sujeito. Diz também que este sujeito é o mesmo da ciência, dizendo, portanto, que há um sujeito da ciência e que este sujeito é o mesmo sobre o qual operamos em psicanálise. O que a frase diz sonora mas não explicitamente é que a ciência justamente não opera sobre o sujeito "que é o seu". Nós, em psicanálise, operamos sobre um sujeito (e não sobre uma pessoa humana, ou um indivíduo, por exemplo), que é o mesmo da ciência, que justamente não opera sobre ele — fragmento que é preciso acrescentar à frase. A subversão própria à psicanálise, em relação ao sujeito que já estava colocado pela ciência desde o seu advento como ciência moderna, é ter criado as condições de operar com este sujeito.

Retomando a pergunta que fizemos no início desta seção "é o sujeito um conceito? nos sentidos filosófico e científico do termo *conceito,* podemos agora respondê-la. Não, o sujeito não é um conceito nessas acepções clássicas de conceito. A categoria de sujeito não foi construída por

Lacan para conferir inteligibilidade a um recorte da realidade empírica ao qual a psicanálise se refere: o sujeito não é um *construto* — palavra muitas vezes empregada para substituir a de *conceito* no campo da ciência, indicando o sentido de *construção* presente na operação, sentido que também se encontra na palavra *conceito* — algo que é *concebido*, que decorre de uma determinada *concepção*.

A categoria de sujeito é, antes, do tipo que mais se impõe ao trabalho teórico do psicanalista do que dele decorre como construção. Lacan intitulou um dos seus seminários de *Os quatro conceitos fundamentais da psicanálise*, que são *inconsciente*, *repetição*, *pulsão* e *transferência*. Observamos que a palavra *conceito*, no contexto desse seminário e em seu título, só ganha sentido se associada ao atributo *fundamental*. O que é um *conceito fundamental*, senão justamente o tipo de conceito que, diferentemente dos construtos habituais da ciência, tem a peculiaridade de se impor à experiência? Freud referiu-se a isto ao utilizar a palavra *Grundbegriff*, que em sua língua significa conceito fundamental, conceito de base, conceito-pilar, e disse que o *Unbewusste* (o *inconsciente*) era um conceito deste tipo. Podemos aproximar esse sentido dado por Freud daquele dado por Lacan aos "conceitos fundamentais". Se o sujeito não é nenhum dos quatro relacionados por Lacan, está implicado, no mais alto grau, em cada um deles, e sobretudo em sua articulação.

A experiência psicanalítica, uma vez colocada em operação através da instalação do dispositivo freudiano da associação livre, produz as condições de emergência do sujeito do inconsciente, justamente através da repetição e da transferência, e cria as condições de produção das chamadas formações do inconsciente — atos falhos, lapsos, sonhos, sintomas e chistes —, outra modalidade de emergência do sujeito, esta de caráter metafórico e pontual. O sujeito, assim, é uma categoria que se impõe à experiência, na exigência de elaboração teórica que esta faz ao psicanalista. Se a instalação de um determinado dispositivo acarreta, como conseqüência das condições que assim se estabelecem, a emergência de determinada produção do inconsciente, impõe-se supor que algo como um sujeito encontre-se em operação no inconsciente. Por isso passaremos agora a outra seção, na qual examinaremos as condições de emergência do sujeito do inconsciente na experiência psicanalítica.

O sujeito na experiência psicanalítica

Procedendo rigorosamente de modo científico, ou seja, à maneira da ciência, Freud estabelece as condições em que a experiência psicanalítica pode ocorrer. Ele o faz a partir de algumas tentativas preliminares — como a hipnose, entre outras — que ele abandonou porque fracassaram quanto aos seus propósitos, que aliás só foi conhecendo pouco a pouco, passo a passo. Seria ingenuidade de nossa parte, além de desconhecimento das condições nas quais o saber se produz, acreditarmos que seu agente, o homem concreto que se encontra em vias de agenciar a produção do saber no campo da ciência, já saiba *a priori* o que vai encontrar. Isto se radicaliza e acentua se o campo em questão é o do *inconsciente* — que pode ser considerado o da ciência mas já subvertido pela operação freudiana, e portanto *já não mais* o campo da ciência a rigor, embora dele derivado, como campo no qual o sujeito, suposto no campo da ciência em sua constituição mas dele expelido em suas operações, poderá emergir.

Após algumas tentativas preliminares, portanto, como o uso da hipnose e da sugestão pós-hipnótica, da pressão da mão na testa do paciente, entre outras, Freud chega à associação livre, que ele chama de *regra fundamental* (*Grundregel*). E de novo estamos diante da dimensão do fundamental, do *Grund-*, tal como estivemos quanto à questão do conceito de sujeito: conceito fundamental, *Grundbegriff*, regra fundamental, *Grundregel*.

O que é a regra da associação livre, como aquela que estabelece as condições da experiência psicanalítica? Penso que nós, os psicanalistas que praticam, estudam, pesquisam, transmitem e escrevem sobre tudo isso, ainda não esgotamos todas as conseqüências desse ato de Freud de estabelecer a regra fundamental da psicanálise. Novas interpretações revelando aspectos ainda não formulados dessa regra podem, assim, ser feitas.

Uma delas consistirá em dizer que a regra *desqualifica* o sujeito do inconsciente ao propor ao analisante que se entregue à experiência da fala de um determinado modo, muito peculiar, que consiste precisamente em não qualificar, de modo algum que esteja *a seu alcance*, a sua fala. Em outras palavras, que o analisante fale sem emprestar qualidades (valores, significações compartilhadas, conhecidas) ao que *vier a ir dizendo* (os tempos verbais são estes mesmos: o analisante *virá* — futuro — *a ir dizendo*: quando falar, já estará dizendo algo que não sabe o que é, irá falando sem saber o que, ao fazê-lo, estará dizendo). Grifamos a expressão *a seu alcance*, acima, porquanto o sujeito não possa evitar completamente a qualificação de sua fala, é só na medida do que lhe é possível que ele poderá cumprir a regra de Freud, que lhe pede, na verdade, que faça o impossível.

Desqualificar a fala do sujeito equivale, portanto, a criar as condições de desqualificação, de ausência de qualidades, que pavimentam as vias de acesso do inconsciente à fala, ao discurso concreto do sujeito. Desqualificar a fala do sujeito é o equivalente a "qualificar" o sujeito do inconsciente como "um sujeito sem qualidades" e é a única forma de criar um acesso precisamente pela via da fala assim proposta a que o sujeito do inconsciente possa emergir nessa fala.

Cabe aqui uma vez mais recorrermos à ciência. O ato inaugural da ciência moderna consistiu justamente no despojamento do objeto de suas qualidades empíricas, sensoriais, perceptivas etc. O gesto da ciência em relação ao objeto é retomado por Freud em relação ao sujeito, e esse gesto se evidencia particularmente bem na enunciação da regra fundamental, na qual Freud diz a um sujeito hipotético — com o qual estaria dialogando, o que significa que diz a todo sujeito — que lhe diga tudo o que lhe vier à cabeça.

Freud propõe assim a alguém (uma pessoa, portadora de uma fala concreta, regida pelas qualidades pré-conscientes de toda fala) que use a palavra de modo a que esta se torne a via de acesso a uma outra cena, a cena do inconsciente, na qual o sujeito "sem qualidades" poderá emergir. Quanto às qualidades, Freud não cessou de dizer que elas são substitutivas, vicárias, efeito de identificações profusas, múltiplas, montagens encobridoras dos eixos elementares em que se estrutura a posição do sujeito, redutível à sua posição na fantasia inconsciente, matriz geradora de seus ideais, crenças, valores, e, mais precisamente, de seus sintomas. Para chegar a esses eixos elementares, só um longo, árduo e penoso trabalho de desmontagem, o trabalho da análise.

A regra quer dizer também que Freud não coloca o crédito de seu dispositivo na *pessoa* do analisante, mas na sua *palavra*, desde que esta seja dita segundo o modo ditado pela regra. É nisto que reside o rigor de seu método.

Poder-se-ia perguntar: por que a fala? Por que a regra fundamental de Freud se formula em termos de um certo modo de usar a palavra, e não outro modo qualquer de expressão do sujeito? Que relação o inconsciente e o sujeito têm com a palavra falada? Estas perguntas são efetivamente feitas, sobretudo por aqueles que começam a estudar a psicanálise e se encontram no privilegiado momento de entrar em contato com esse saber e essa *práxis*. Eu poderia responder a essas perguntas dizendo: *Ora, o inconsciente é estruturado como uma linguagem e que, sendo assim, é a palavra a via de acesso a ele.* Estaria partindo do saber pronto, adquirido e acumulado (a proposição lacaniana, que é de primeira hora em seu ensino, de que o inconsciente é estruturado como uma linguagem) para, comodamente, furtar-me ao trabalho que a pergunta efetivamente exige. Estaria também enfiando a rolha do saber constituído no movimento constituinte do saber que toda boca que se abre para perguntar produz, amordaçando esse movimento, calando a pergunta, silenciando o sujeito que a faz. Ao proferir enunciados psicanalíticos, estaria agindo no sentido contrário de toda enunciação verdadeiramente psicanalítica, e, enfim, resistindo à psicanálise. Lacan não partiu de sua frase, mas chegou a ela, e cada um de nós precisa, de certo modo, refazer esses caminhos.

Toda produção do campo do sentido é da ordem simbólica, seja ela falada ou não. Um gesto, uma expressão do rosto, do corpo, uma dança, um desenho, tanto quanto uma narrativa oral, serão produções simbólicas, regidas pelo significante, e assim, ditas *verbais*, por estarem na dependência do *verbo significante*, e não por serem expressas por via oral. Não existirá, portanto, o "não-verbal" no campo simbólico, e menos ainda o "pré-verbal". O domínio do verbal não é uma conquista do desenvolvimento cognitivo ou simbólico, mas uma condição inerente ao falante como tal. Como ser de linguagem, o sujeito humano se constitui no domínio do verbal. Trata-se de um domínio no sentido de um *campo*, um território, um universo, que contém e subsume o sujeito, mais do que um domínio de uma *função*, isto é, de algo que o sujeito pode dominar ou não. Assim, mesmo que alguém não faça uso da *função da fala* — como os autistas ou alguns psicóticos esquizofrênicos em condições subjetivas cuja gravidade faça com que sua relação com a linguagem se caracterize pela mais completa fragmentação e desconcatenação de sua fala — ainda assim estará no *campo da linguagem*, na medida em que é ser falante, que se constituiu em um mundo de linguagem, o humano: não relincha, não late, e sua fala, quando há, não estaria de modo algum mais próxima das produções sonoras dos animais do que a nossa. Sem promessas e sem fundamento é a tentativa, sempre reiterada, de usar as famosas formas "pré-verbais" ou "não-verbais" de comunicação com esses pacientes.

Pois bem, se todas as produções simbólicas (orais ou não) são verbais, por que, enfim, privilegiar a fala? Podemos responder que, de todas as formas pelas quais a estrutura simbólica, significante, da linguagem pode se atualizar em um ser falante, a fala é a única que permite, por seu modo encadeado, diacrônico, como discurso desdobrado no tempo em uma seqüência de palavras, que o plano do significante seja destacável da significação. A fala, por ser uma cadeia de palavras, permite que se opere o divórcio entre significante e significado, necessário para evidenciar a primazia material do *esqueleto* significante sobre o *revestimento muscular* que são as significações produzidas pelo primeiro.

Esse divórcio evidencia que significante e significado não vieram ao mundo casados, e que sequer se casaram, mas que é no interjogo de significantes, nas relações que as materialidades simbólicas em que eles consistem estabelecem entre si, que os significados se produzem. O significado é secundário em relação ao significante, que portanto lhe é primário, e é esse o sentido da expressão "primazia do significante".

Quando alguém dança em nossa frente, ou se exprime corporalmente, sem falar, tendemos a atribuir um sentido a cada passo, a cada movimento do corpo, justamente em função de que se trata, tanto quanto uma fala, de produções simbólicas. Mas como saberemos, nos ditos movimentos, localizar o sujeito? Como ele se faria presente, como faria sua emergência, se admitimos que ele não é o equivalente do sentido que tais gestos ou expressões podem assumir para nós, nem mesmo para o dançarino ou aquele que se exprime pelo corpo? Nas produções simbólicas, que fazem parte do campo verbal, mas que não se fazem através da fala, o sentido tende a se fundir com o plano que o engendra (os movimentos, no caso). Só a fala permite que o sujeito, que emergirá nos tropeços das intenções conscientes daquele que fala, possa, além de emergir nesses tropeços, ser reconhecido como tal pelo falante, que, a partir desse reconhecimento, não será mais o mesmo porquanto terá sido levado a admitir como sua uma produção que desconhecia, mas que, ainda assim, faz parte dele.

A experiência psicanalítica tem, assim, boas razões para estruturar seu dispositivo em uma certa modalidade da fala, metodologicamente sustentado para que essa fala se constitua como acesso ao inconsciente. Este é, assim, estruturado (e não caótico ou biológico) *como uma linguagem*, ou seja, por elementos materiais simbólicos, os significantes engendradores do sentido, que não portam em si o sentido constituído, mas que se definem como constituintes do sentido (daí o seu nome *significantes*: aqueles que fazem significar).

Mas, o que se passa, então? Colocando-se a falar segundo a regra de Freud, o sujeito do inconsciente aparece? Basta que se fale desse modo e tudo correrá bem, em trilhos azeitados, em esteira rolante, até a inexorável aparição do sujeito? Será que o sujeito é o simples efeito de uma fala proferida de determinado modo, o da associação livre? É o sujeito um elemento, ele próprio, meramente simbólico? É ele um dos significantes das cadeias inconscientes?

Não, e é aqui que surgem vários pontos de dificuldade, que se apresentam tanto na experiência psicanalítica quanto no ato, aqui praticado, da tentativa de sua transmissão pela escrita. A regra da associação livre foi, na verdade, a abertura feita por Freud a esses pontos de dificuldade, e não a sua solução. Ao abandonar a hipnose, Freud decidiu tomar para si a complexa problemática do sujeito. Podemos dizer que na hipnose, tanto quanto na ciência ou na medicina, não há sujeito. O saber sobre o sintoma e suas causas, tal como é comunicado sob hipnose, não será apropriado pelo sujeito mas pelo hipnotizador, que o manterá sob sua guarda, tanto quanto deterá o poder da sugestão sobre o hipnotizado. Ao abandonar a hipnose e instituir a associação livre, portanto, Freud se dirige ao sujeito, supondo que há algum saber do lado do sujeito, e que os elementos inconscientes (os significantes recalcados nas cadeias do inconsciente) que constituem este saber, ao emergirem na e pelas falhas da fala desse sujeito, estarão, no mesmo ato, supondo o sujeito por eles representado.

Além do fator, já apontado, de que o saber sobre o sintoma, ainda que atribuído ao sujeito — o que já era um passo contrário à lógica médica em que o saber está sempre do lado do médico —, acabava por não ser assumido pelo sujeito, mas esquecido e transmitido ao hipnotizador, há outro problema na hipnose, bem mais importante, que concerne ao próprio estatuto desse saber produzido sob hipnose. Que saber é esse? Será que podemos afirmar que, na hipnose, o saber é do inconsciente, e que o único problema é que o sujeito não é instado a dele se apropriar ou a ele se assujeitar? Ou será que, à luz do que pudemos vir a saber graças à sensibilidade de Freud em reconhecer o fracasso de seu método inicial e prosseguir, passo a passo, as etapas subseqüentes, podemos afirmar que o saber produzido sob hipnose nem chega perto de "arranhar" o recalque, mantendo intacto o recalcado?

Claro que a resposta só é afirmativa quanto à segunda pergunta: na hipnose não há nenhuma produção de saber quanto ao que efetivamente caiu sob o golpe do recalque, e que, portanto, constitui o saber inconsciente.

Como Freud sempre teorizou acompanhando, ponto por ponto, o que a sua experiência clínica lhe trazia, a teoria etiológica das neuroses, nesse momento, correspondia ao método clínico utilizado. Assim, Freud concebia um segundo grupo psíquico de idéias, que ele chamava, seguindo Charcot, de *condition seconde*, condição segunda. Mas tratava-se de uma segunda condição de quê, senão própria da consciência? Vemos claramente que esse grupo de idéias, que supostamente mantinha as lembranças traumáticas dissociadas da consciência e assim causando os sintomas, se é o "avô" do inconsciente, tem muito pouco a ver com este último.

Em resumo, ainda que orientada pelo eixo de uma certa delegação do saber ao sujeito, a hipnose teve de ser rejeitada para que o passo inaugural da psicanálise — a associação livre — fosse dado. Pois, na hipnose, o saber, ainda que esteja do lado do sujeito, permanece, no máximo, pré-consciente, não chegando sequer a se aproximar daquilo que será, posteriormente, concebido como saber do inconsciente. Essas duas condições são articuladas, uma implicando a outra.

A segunda condição da consciência de que falei acima só podia ser concebida por Freud no eixo de uma certa verticalidade da própria consciência, constituindo o que seria mais apropriadamente denominado *subconsciência* do que inconsciente. Ora, o passo seguinte de Freud, e que o leva a romper definitivamente com a hipnose, é nomear e conceber como *defesa* (*Abwehr*) o modo pelo qual o sujeito deixa de saber de seu trauma: o *não-saber* consciente do trauma é o resultado de um *nada querer saber sobre isso*. Como sustentar teoricamente que um ato de defesa poderia ser atribuído a uma redução do nível de consciência (o subconsciente) acompanhado de um afrouxamento dos nexos associativos que explicava a segunda condição da consciência? Como um ato tão forte poderia ser atribuído a uma redução de nível e de intensidade associativa? A clínica se fazia traduzir na própria teoria em termos de contradição.

O ato de defesa, ato por excelência de um sujeito, destroçava a concepção teórica da etiologia hipnóide da neurose e fazia a inclusão do sujeito no campo da experiência, que, só através desse passo, passava a ser uma experiência psicanalítica. Por isso disse que a hipnose, como a ciência, recusava o sujeito. A rejeição da hipnose marcou o *fim da rejeição do sujeito* e a sua inclusão, através da noção de defesa como ato do sujeito de nada querer saber sobre o trauma, o que será formulado em termos de nada querer saber sobre seu desejo, implicado no trauma.

Poderíamos dizer, utilizando uma formulação da lógica proposicional, que *o sujeito cessou de não se escrever* na experiência freudiana. Escreveu-se o sujeito, em uma contingência pela qual ele foi finalmente incluído no campo dos saberes e práticas humanos. Conceito ou contingência que se impõe? O sujeito, na história que finalmente o escreve, é antes uma contingência que se impôs a Freud do que um conceito que este decidiu, por sua livre deliberação, conceber, construir, a fim de aplicar à sua experiência, como se um conceito assim concebido (redundância proposital) pudesse sê-lo antes e fora da própria experiência que, contingentemente, faz com que ele se escreva, que ele cesse de não se escrever, como até então fizeram a ciência — e as ciências, inclusive ditas humanas, e a filosofia.

Retomemos o fio de nossa meada: tendo introduzido a noção de defesa, e com isso a de sujeito, na sua experiência, Freud introduz, concomitante e necessariamente, e como uma conseqüência lógica, à noção clínica de *resistência*. A experiência clínica da psicanálise assim inaugurada traz consigo uma consideração da resistência do sujeito: se na origem do sintoma está o ato de defesa, no início do trabalho está a tomada da resistência em consideração. Não se tratará, para o psicanalista, de rejeitar a resistência do sujeito, de contrapor-se a ela em uma atitude, digamos, hostil, crítica ou adversa, mas de acolhê-la como ocasião de trabalho. Podemos dizer que onde há resistência há sujeito.

Mas, imediatamente, com que se depara Freud? Com duas coisas absolutamente essenciais à experiência psicanalítica: a *resistência* e a *transferência*. Freud contava com a primeira, e podemos inclusive dizer que, ao instituir a associação livre como regra fundamental, ele o fez na direção de trabalhar com a resistência, na medida em que percebera que de nada adiantava colocá-la fora de combate pelo nocaute da hipnose: ao deixar de lado a resistência, rechaçava também a única possibilidade do sujeito apropriar-se do saber do inconsciente, pois essa apropriação só podia se fazer passo a passo, com a superação de cada um dos pontos de resistência.

Com a transferência, contudo, podemos dizer que Freud não contava. Sua primeira reação a ela foi de oposição, e sua primeira forma de assimilá-la a seu entendimento, de tentar inscrevê-la em um quadro de inteligibilidade, foi reduzi-la a uma forma particular de resistência. Podemos imaginar Freud se perguntando, entre intrigado e irritado: "... por que, se eu solicito a uma pessoa que diga tudo que lhe vem à cabeça, se me comprometo, tanto quanto peço que ela o faça, a não emitir juízos críticos ou morais ao que quer que me venha a dizer, por mais obsceno, absurdo ou inaceitável que pareça, por que diabos ela ainda assim insiste em me incluir no que me diz, e valorar essa inclusão, supondo que me ama, que a amo ou que a desprezo, enfim, que minha pessoa esteja envolvida nisso?"

Passado o instante primeiro do espanto, em que ele teve de *olhar para a transferência,* que dá bem a prova de que a transferência é um fenômeno que presentifica o real na experiência analítica e, por esse motivo, se impõe ao analista mais do que é por ele construída (como um conceito), Freud respondeu que a transferência, a associação advinda logo depois de uma interrupção, de um "branco", um vazio ou um silêncio no curso das associações, e que se liga à pessoa do analista, surgia porque ela servia à resistência. Se isto não é falso, é contudo muito insuficiente para explicar a transferência.

Freud levou mais um tempo para compreender que a transferência não é simplesmente uma modalidade de associação que surge após uma falha associativa e se liga à pessoa do analista. A transferência não é um tipo de associação, e tampouco é uma das formações do inconsciente, ao lado dos atos falhos, sintomas ou sonhos. Ela não tem a estrutura, a montagem *linguageira* das formações do inconsciente, que são efeito quer da substituição direta de significantes (como no ato falho), quer dessa mesma substituição acompanhada de uma cifra de gozo, que produz uma satisfação substitutiva para o desejo (sintoma), quer de uma substituição significante produzida durante o sono com elementos da memória pré-consciente a fim de veicular, disfarçado, o desejo inconsciente (sonho).

Vemos que em todas essas situações, chamadas de formações do inconsciente, a estrutura que, seguindo um emprego feito por Lacan, chamamos de linguageira, está presente sob a forma de uma produção metafórica, ou seja, aquela que consiste na substituição de um significante da cadeia por um outro, produzindo um sentido novo, inexistente até então, inédito. Essa estrutura metafórica dá a toda formação do inconsciente a dimensão interpretativa. Por isso as formações do inconsciente são interpretáveis, ou, antes, são em si mesmas uma forma de interpretação do inconsciente, o que incidentalmente revela que o inconsciente, além de estruturado como uma linguagem — e por isso mesmo —, é também uma instância interpretante. Isso também torna vãs todas as pretensas interpretações do mau analista que se enunciam por um pernóstico "O que você está dizendo é que...", proferindo então o que a formação do inconsciente já havia dito, e de modo metafórico, ou seja, bem mais elaborado do que essa falsa "interpretação".

Para que o analista faça uma verdadeira interpretação analítica de uma formação do inconsciente, que, como disse, já é em si mesma uma interpretação do inconsciente, ele terá que, utilizando o próprio "barro" significante das palavras do analisante, dizer algo que tenha a chance de situar o sujeito em sua própria interpretação, aquela que sua formação do inconsciente já constitui.

Mas voltemos à transferência. Ela não tem essa estrutura, a das formações do inconsciente, não é uma forma de interpretação do inconsciente. Ela é, antes, a própria presentificação do inconsciente sob a forma de uma relação de objeto, ou seja, o modo pelo qual o inconsciente se "atualiza", no dizer de Freud (a transferência é a atualização do inconsciente), no sentido de se fazer presente no tempo atual; porém mais ainda no sentido que o termo *actual* tem em inglês, que é o de real, realizado. E o inconsciente se atualiza, se presentifica, no plano da relação com o "ser real" do analista, a "pessoa" do analista como dizia Freud, ou a "pessoa atual", como se exprime Lacan. Entretanto, isso nada tem a ver com as características pessoais do analista tais como elas se mostram na intimidade de sua vida privada ou pública, social, mas com o que o analisante, causado pela realidade da presença do analista, coloca de seu na situação analítica, a partir de seus modos inconscientes de estabelecer relações com os outros, modos que encontram sua gramática e sua lógica na estrutura da fantasia inconsciente. A transferência é, assim, um campo (e não uma produção pontual, como cada formação do inconsciente) propriamente constituído pela experiência psicanalítica, no qual são as configurações produzidas pela fantasia (e não pelas vias significantes do sintoma) que vêm à cena.

O que a transferência — que Freud não esperava mas que sua genialidade fez com que, no instante subseqüente à surpresa inicial, situasse como único modo pelo qual o inconsciente poderia se fazer presente (não apenas representado) na cena psicanalítica — tem a ver com a regra fundamental, com a associação livre? Se ela não é linguageira, como dissemos, se não vem como uma das produções da fala, entre outras, qual sua relação com a regra fundamental?

Essa é a chave da regra fundamental, que abre a porta da experiência psicanalítica do inconsciente. Talvez por isso Lacan tenha dito, certa vez, que o inconsciente não é um conceito, referência que serve de lastro ao que dissemos anteriormente ao discutirmos a relação do sujeito com o conceito. Diz ele: "O inconsciente não é um conceito, mas uma noção, uma noção-chave." Aqui, a chave é a seguinte: convocar o sujeito a falar, segundo o método introduzido pela regra da associação livre, leva a que algo se produza, para além da palavra, mas nela inteiramente ancorado, e esse algo é a transferência.

A psicanálise estabelece que o modo pelo qual a transferência se formula deve, a justo título, título aliás que lhe dá toda a sua nobreza, ser chamado de *amor.* Não se trata aqui de entender o amor em sua configuração restrita de amor voltado para a satisfação sexual entre parceiros, que é apenas uma de suas formas, mas como o conjunto de todas as manifestações do afeto, como dimensão da experiência humana que, ancorada na palavra, na condição de falante do sujeito, ultrapassa contudo o plano do que é representável pelas palavras. O termo afeto deve aqui ser diferenciado do termo "sentimento", que já inclui as significações que o sujeito constrói daquilo que o afeta, e que portanto o mascaram e o encobrem. Afeto é portanto o que afeta o sujeito por uma via significante, é claro (como ocorre aliás com tudo que o afeta), mas sem a mediação das significações, e nesse aspecto se aproxima mais do sentido que "afeto" tem em Spinoza (as paixões e afecções) do que em uma psicologia dos afetos.

A transferência concerne, assim, ao plano do afeto, e por isso Freud a liga ao campo do amor, o amor de transferência (*Übertragungsliebe*), que ele compara aos "demônios do fundo do inferno" ao indicar como o analista deve lidar com o amor de transferência, ou seja, de modo algum simplesmente rechaçando-o: "É como se, após invocar, mediante astutos encantamentos, os demônios do fundo do inferno, os mandássemos de volta sem lhes fazer sequer uma pergunta."

Lacan, inspirado nessa referência freudiana ao demônio, e fazendo uma ponte entre ela e outra referência, esta literária, que liga o demônio ao amor, nos diz que essa demoníaca pergunta é a mesma que o personagem literário em questão faz ao demônio, dentro de uma caverna próxima de Nápoles: "*Che vuoi?*" [Que queres?] O que, como Outro (lugar) no sujeito, o desejo *quer*? Pergunta que só pode formular-se na transferência, sob seus efeitos.

Perguntar ao demônio o que ele quer: eis a posição do analista, a qual se distingue a um só tempo de mandá-lo embora, exorcizá-lo, e de fazer amor com ele, atendendo-o nos favores que ele pede. Se o analista pergunta "*Che vuoi?*" ao demônio, é porque ele sabe que está situando o sujeito no nível da demanda (só demandas podem ser formuladas em perguntas e respostas), mas não a demanda primária, enganosa, falsamente voltada para objetos, e sim a demanda situada no plano do amor.

O sujeito só pode, assim, atravessar a experiência de sua análise ao atravessar, no mesmo trajeto, o campo do amor; e a psicanálise é a única forma de experiência que inclui o amor em sua dimensão real, e não como "exercícios terapêuticos de mobilização de emoções amorosas" que se observam em alguns modelos de psicoterapia, cuja artificialidade "técnica" atesta suficientemente o quanto estas práticas distanciam-se das formas verdadeiras pelas quais, em sua vida, o sujeito ama, a despeito do grau de efetiva satisfação e gozo que se obtenha por elas. Na experiência psicanalítica, ao contrário, comparecem as maneiras como o sujeito ama em sua vida, à condição de que sujeito e analista se abstenham de levá-las à satisfação, digamos, concreta.

Como se constitui o sujeito?

Tratar da questão *do que é o sujeito* implica abordar o modo como esse sujeito se constitui, capítulo da psicanálise que normalmente é chamado de *processo de constituição do sujeito*.

Uma primeira observação já concerne ao próprio termo *constituição,* que, não sem razão, é empregado, sobretudo a partir dos efeitos do ensino de Jacques Lacan, no lugar de outros anteriormente utilizados ou ainda em setores da psicanálise refratários ao ensino lacaniano, tais como *nascimento, desenvolvimento* etc.

No campo que podemos denominar de psicologia, e que é plural, o que poderia nos autorizar a intitulá-lo de campo das psicologias, o que se chama de *personalidade* é sempre o resultado interativo de fatores genéticos e constitucionais com fatores aprendidos ou ambientais. O espectro das muitas psicologias e teorias da personalidade vai das mais humanistas e racionalistas, fundamentadas em uma concepção da personalidade como autóctone, autogerada, produzida por fatores intra-individuais, até as mais comportamentais e ambientalistas, em que o próprio termo de personalidade é rejeitado em razão de ser inapropriado para descrever o que se "observa", ou seja, um repertório de comportamentos do indivíduo. Em algumas formulações que evidenciam de modo mais radical essa interação da carga genética com o conjunto de fatores ambientais que agem sobre o indivíduo e sua constituição chega-se a ponto de reduzir o *psíquico* a um lugar de interseção, de entrecruzamento, sem nenhuma positividade, de duas ordens primárias, a biológica e a sociológica, estas sim positivas. Ora, a psicanálise apresenta um modo de conceber o sujeito e sua constituição que se opõe, do modo mais radical, a essas concepções. Para a psicanálise, o campo do psíquico o concebe como uma positividade, e não como um efeito interativo e secundário de ordens positivas porém estranhas ao psíquico e primárias em relação a este. A noção central do campo do psíquico é justamente a de *sujeito.* Para evitar confusões entre o que a psicanálise concebe como "psíquico" a partir de sua categoria operatória de sujeito, considerando que as categorias de *psíquico* e de *psiquismo* são demasiado comprometidas com o campo da psicologia, e se inserem em um conjunto confuso de referências individuais, psicofísicas e psicossociais, preferimos, a partir deste momento, referir-nos a esse campo positivo do psíquico que a psicanálise criou como *campo do sujeito.*

O sujeito, portanto, se constitui, não "nasce" e não se "desenvolve". Ele é a prova positiva e concreta de que é não apenas possível como absolutamente exigível e necessário que se conceba o vetor em torno do qual se organiza o campo de atuação da psicanálise como tendo um modo de produção que não é nem inato nem aprendido. Assim, recusam-se, em um só golpe, as duas tendências que, insistente e sistematicamente, compõem o campo da psicologia em suas diversas formas de conceber a chamada *personalidade* como híbrido produto, em proporções variáveis delas.

Para explicar o modo pelo qual o sujeito se constitui, é necessário considerar o campo do qual ele é o efeito, a saber, o campo da linguagem.

O sujeito e o campo da linguagem. Para a psicanálise, sobretudo a partir da reelaboração que Lacan empreendeu dos textos freudianos, o sujeito só pode ser concebido a partir do campo da linguagem. Embora Freud não se refira explicitamente a isso, todas as suas elaborações teóricas sobre o inconsciente, nome que delimita o campo primordial da experiência psicanalítica do sujeito, o estruturam como sistema quer de representações (*Vorstellungen*), de traços de memória (*Erinnerzeichen*), de signos de percepção (*Wahrnehmungszeichen*), que se organizam em condensação e deslocamento. Ora, uma teoria como essa exige, metodologicamente, a referência a uma ordem simbólica, a um sistema de articulação de elementos materiais simbólicos, ou seja, à linguagem. Não seria possível sustentar o funcionamento do sistema inconsciente, tal como Freud o propõe, com referenciais não-simbólicos de estatuto biológico — neurológicos, por exemplo — e tampouco com referenciais não-materiais de estatuto "psicológico", que, quando tomados em sua suposta autonomia, acabam por reduzir-se a seu suporte metafísico: "o pensamento", "a alma", "a razão", entre outros. O inconsciente freudiano exige, portanto, um suporte metodológico que o situe, no plano conceitual, em relação a dois estatutos: ele deve ser *material* (a psicanálise é um saber materialista) e, ao mesmo tempo, *simbólico* (a psicanálise não é uma biopsicologia).

Ora, o campo de referência que oferece a um só tempo essas duas condições metodológicas é o da linguagem, sobretudo a partir de sua tomada como recorte de uma ciência moderna, a lingüística — por Ferdinand de Saussure. Por isso Lacan recorre à categoria de *significante* — imagem material acústica, para Saussure, à qual se associa um conceito (idéia), como *significado*, na constituição do signo lingüístico. Mas Lacan subverte essa associação significante/significado, conferindo primazia ao primeiro (o significante) na produção do segundo: o significante prevalece sobre o significado, que lhe é secundário, e se produz somente a partir da articulação entre os significantes. Fazendo isto com o signo de Saussure, Lacan encontra o suporte metodológico necessário para uma teoria do inconsciente: dos dois elementos constitutivos do signo de Saussure, só o significante é *material* (imagem sonora, unidade material da fala humana) e *simbólico* (sua articulação em cadeia produz uma ordem capaz de engendrar o significado, que não se encontra constituído desde o começo, antes da articulação significante). E o que é o inconsciente freudiano senão um sistema de elementos materiais articulados como cadeias (Freud chega a falar de *feixes*) desprovidos, em si mesmos, de significação, estas passíveis de serem produzidas pelo sujeito uma vez constituído?

Apliquemos agora essas condições estruturais ao processo de constituição do sujeito, para o que temos de recorrer à situação concreta através da qual o ser humano chega ao mundo e se insere na ordem humana que o espera, que não apenas precede sua chegada como também terá criado as condições de possibilidade de sua inserção nesta ordem. É por esse viés que a teoria psicanalítica do sujeito e de sua constituição se articula interna e necessariamente com as categorias — estas sociológicas — de sociedade e de família: o ser humano entra em uma ordem que é social, e cuja unidade celular e básica, que se organiza como a porta de entrada nesta ordem, se chama *família*, pelo menos nas sociedades modernas.

A psicanálise pensa o sujeito, portanto, em sua raiz mesma, como *social*, como tendo sua constituição articulada ao plano social. Resta saber como ela o faz, e ela o faz de modo positivo, ou seja, de modo a manter a positividade de sua concepção de *sujeito do inconsciente*, sem o quê deixaria de ser psicanálise e se diluiria em meio à polifonia da orquestra das concepções culturalistas de uma construção social do sujeito, que o destitui precisamente de sua positividade como sujeito do inconsciente. Dizer, portanto, como é preciso, que a psicanálise não apenas considera a dimensão social da constituição do sujeito — como muitas vezes é acusada de fazer (e não sem que os próprios psicanalistas, que em larga medida desconhecem muitas das dimensões essenciais de seu campo, mereçam tal acusação) — mas também, pelo contrário, afirma a dimensão social como essencial à constituição do sujeito do inconsciente, não equivale a reduzi-la a uma sociologia culturalista do sujeito.

Para a psicanálise, portanto, o sujeito só pode se constituir em um ser que, pertencente à espécie humana, tem a vicissitude obrigatória e não eventual de entrar em uma ordem social a partir da família ou de seus substitutos sociais e jurídicos (instituições sociais destinadas ao acolhimento de crianças sem família, orfanatos etc.). Sem isso ele não só não se tornará humano (a espécie humana, em termos filogenéticos, não basta para fazer de um ser nela produzido um ser humano, argumento que dá sentido à palavra *humanização*) como tampouco se manterá vivo: sem a ordem familiar e social, o ser da espécie humana morrerá.

A essa condição Freud deu o nome de desamparo fundamental (*Hilflosigkeit*) do ser humano, que exige a intervenção de um adulto próximo (*Nebenmensch*) que perpetre a *ação específica* necessária à sobrevivência do ser humano desamparado. Lacan propõe a categoria de Outro (com "o" maiúsculo) para designar não apenas o adulto próximo de que fala Freud mas também a ordem que este adulto encarna para o ser recém-aparecido na cena de um mundo já humano, social e cultural, que, para simplificar nossa exposição, acompanharemos a sociedade e chamaremos de *bebê*, como fazem as teorias que tratam desse assunto. O Outro não é apenas, portanto, uma pessoa física, um adulto, por exemplo, que, pelas mesmas razões mencionadas antes em relação à nomeação do bebê, chamaremos de *mãe*, porquanto em nossas sociedades seja esta a categoria que designa a função de cuidar dos bebês e também toda uma ordem simbólica que a mãe introduz no seu ato de cuidar do bebê.

Cabe aqui uma diferenciação entre a categoria de Outro e a ordem social e cultural. Essa ordem é eivada de valores, ideologias, princípios, significações, enfim, elementos que a constituem como tal, no plano antropológico. O Outro é o esqueleto material e simbólico dessa ordem, sua estrutura significante, como já caracterizamos anteriormente, o que nos permite portanto dizer que a ordem do Outro, que a mãe encarna para o bebê, é uma ordem significante e não significativa. O que a mãe transmite é, primordialmente, uma estrutura significante e inconsciente para ela própria (ela não sabe o que transmite, para além do quê ela pretende deliberadamente transmitir), e não poderia ser simplesmente o conjunto de valores culturais (entendendo-se sob este termo toda a complexidade de elementos significativos ordenados na família e na sociedade à qual pertencem mãe e bebê).

Esta diferença entre uma ordem social significativa e valorativa e uma ordem significante implica também, como conseqüência, que esta segunda ordem seja *furada*, subtraída da dimensão que lhe daria consistência e completude.

Por essa importantíssima razão, o que chega ao bebê através do Outro materno não é um conjunto de significados a serem por ele meramente incorporados como estímulos ou fatores sociais de determinação do sujeito com os quais interagiria, a partir de sua carga genética, na "aprendizagem social" de sua subjetividade. O que chega a ele é um conjunto de marcas materiais e simbólicas — significantes — introduzidas pelo Outro materno, que suscitarão, no corpo do bebê, um ato de resposta que se chama de sujeito.

O sujeito é, portanto, um *ato de resposta*, uma resposta dada em ato. Voltaremos a este ponto, mas antes precisamos seguir o caminho da constituição do sujeito a partir de seu encontro com o Outro.

Para compreender a psicanálise, sobretudo em sua vertente de uma concepção da constituição do sujeito, é preciso admitir em nosso espírito uma série de afecções, operar em nosso entendimento uma série de efeitos que o tornem disposto a assimilar a lógica deste campo de saber, votado, como sempre foi, a fazer com que a experiência humana, em sua concretude, em seus modos corriqueiros e triviais, seja revisitada de um modo radicalmente novo, nada trivial. Uma dessas afecções do entendimento concerne à noção de temporalidade.

O tempo próprio ao inconsciente é o *a posteriori* (*Nachträglich*, no dizer de Freud). Em sua experiência, o sujeito tem um encontro — o encontro com o Outro materno, de que ora tratamos — que se dá em determinado ponto da estrutura temporal, ou seja, em determinado momento. Só depois, em um segundo momento, é que esse encontro poderá ganhar, para o sujeito, alguma significação que permita que ele faça o reconhecimento de algum nível de sua constituição. Incidentalmente, essa estrutura temporal *a posteriori* expressa, à maneira da diacronia, a prevalência lógica e sincrônica do significante sobre o significado no inconsciente: em dado momento o sujeito encontra-se com o significante — ou é por este encontrado, já que nesse momento o sujeito ainda é inconstituído, é um sujeito *constituinte* ou a devir. O significado dado ao encontro com o Outro depende, portanto, do significante, é dele subsidiário, mas não é por ele totalmente determinado, exigindo o trabalho de significação que é feito pelo sujeito. Nesse sentido, o significante pode ser entendido como aquilo que convoca o sujeito, exige o trabalho do sujeito em sua constituição.

A partir dessas considerações, podemos afirmar que o encontro do sujeito, ainda inconstituído, com o Outro, a partir do qual o sujeito será chamado a se constituir, não deve ser entendido como um encontro entre duas "entidades" que preexistiriam a esse encontro. É só no encontro mesmo que sujeito e Outro passam a existir como tais. Mas, nesse caso, como se faria que o sujeito pudesse se constituir a partir do campo do Outro se este campo não lhe fosse prévio?

Embora haja nessa questão algum paradoxo, ela não é incompreensível: é preciso supor um Outro prévio ao sujeito, e isto efetivamente corresponde à nossa experiência. Muito antes do bebê nascer, ou seja, de um ser humano surgir na cena do mundo com a possibilidade de se tornar um sujeito, o campo em que ele aparecerá já se encontra estruturado, constituído, ordenado. Não apenas a cultura, a sociedade e a família, com todos os elementos que as fazem tão complexas, já o esperam, como também a linguagem, como campo de constituição do sujeito (lembremo-nos de que o sujeito é *sujeito da linguagem*), já se encontra plenamente constituída à espera do sujeito. Há um conjunto de demandas, desejos e desígnios que é dirigido àquele que vai nascer muito antes do nascimento, e que inclusive determina o fato do nascimento. Tais elementos se encontram em ação desde muito tempo antes do nascimento de um bebê, e nada têm a ver com o período de gestação, que já esta é um fragmento temporal delimitável da vida do bebê, já concebido ainda que não nascido. A pré-história de um bebê no campo do Outro remonta a um momento que não é delimitável na história do Outro, e seu estatuto é simbólico, não se confundindo nem como constituição genética nem como experiências factuais na gravidez. O nome próprio que se dará à criança, que é o nome de um ancestral, e que por sua vez corresponde a um sonho de infância da mãe, por exemplo, é um dos elementos da pré-história no Outro que estarão relacionados àquele que vai nascer.

No entanto, todos esses elementos, que são inequivocamente prévios ao encontro de um bebê já nascido com o Outro que os "contém", a rigor não existem senão a partir do momento em que o bebê concreto, por assim dizer, se encontra com eles. O encontro cria o "passado", que não existia antes dele, mas que, uma vez criado, passa a existir e a operar inexoravelmente como passado, como anterioridade determinante do encontro que no entanto a criou. Trata-se de uma *anterioridade anteriormente inexistente*, porém que passa a existir como anterioridade no momento em que é criada (o encontro do sujeito com o Outro). Esta lógica, que nada tem de simples e que de modo algum é fácil de entender, exigindo que cada um de nós faça o esforço suplementar de nos deixar afetar por ela, mais do que exercer a inteligência conceitual para apreendê-la, exprime-se na língua com o tempo verbal *futuro anterior*: digo hoje que, em um tempo futuro em relação ao momento presente em que o digo, algo será passado. Crio, assim, um passado para o futuro, mas que só será passado quando o momento futuro chegar. Assim, é só a partir do encontro momentoso do bebê com o Outro materno que a incidência dos desígnios com que este Outro marcará o bebê projetar-se-á no passado como pré-história do bebê. Tais desígnios *terão sido* prévios ao bebê.

Após este breve comentário sobre o tempo do inconsciente e do sujeito, voltemos ao encontro do sujeito com o Outro. E vamos finalmente tratar desse assunto recorrendo aos elementos da experiência humana.

Necessidade, demanda e desejo na experiência do sujeito. Quando um bebê aparece na cena do mundo, a primeira coisa a considerar como ponto prévio de seu percurso na direção de se tornar um sujeito é que ele é o *locus* de uma imperiosa necessidade de sobrevivência. Trata-se de um ser vivo, mamífero superior, que é, como tal, portador de necessidades vitais. Se estamos tratando do percurso de constituição desse ser vivo como sujeito, cabe aqui uma primeira questão, que aliás é fundamental: se o sujeito é constituído, é porque, para a psicanálise, ele não é inato, não é um *membro nato de seu corpo*. Mas será que podemos supor que esse primeiro momento, em que o bebê é um ser de necessidade, já seria o primeiro momento do sujeito a se constituir? O primeiro modo do sujeito é o modo da necessidade vital? Isto não equivaleria a refazer a conexão do sujeito com uma condição inata, já que a necessidade é inata e própria à espécie humana no plano biológico? Ou será que devemos manter a descontinuidade entre sujeito e indivíduo da espécie para admitir que, se o primeiro poderá habitar o segundo, nem por isso a condição inata do indivíduo deve ser incluída como momento inicial do trajeto do sujeito? Ora, incluir o tempo da necessidade na história de constituição do sujeito, ainda que como tempo primeiro, é fazer entrar pela porta dos fundos o que acabamos de expulsar pela da frente, reconduzindo o sujeito ao plano do inatismo, pelo viés de suas necessidades vitais.

Nesse ponto, só o rigor de Lacan nos salva do risco da mais perfeita confusão e da queda em contradições insolúveis. O momento da necessidade não faz parte da história do sujeito, e, do ponto de vista desta história, esse momento só pode ser *mítico*. Se nascemos com necessidades, nunca a experimentamos pura ou diretamente, ou seja, sem a mediação da linguagem. A vida biológica é, como tal, excluída da experiência do sujeito, que só se relacionará com ela por intermédio da linguagem, o que evidentemente a modifica, a pulveriza, a fragmenta.

Muitos cometem aqui o mal-entendido de dizer que a psicanálise desconsidera a vida biológica, que negligencia nossa condição animal, por exemplo. Deixemos, portanto, bem claro do que se trata: a psicanálise não desconsidera que tenhamos um organismo e que este é regido por leis naturais e biológicas (o que seria louco), nem afirma que as vicissitudes deste organismo não afetam o sujeito (o que seria impróprio). Ela evidencia e formaliza, como aliás é de sua vocação fazer, o que todo mundo sabe pela experiência, mas disso não tira, em geral, nenhuma conseqüência: que a experiência que temos de nosso organismo, de suas exigências, proezas, debilidades ou doenças, nós só a temos através do campo da significação, do sentido, ou seja, pelo fato de que, por sermos falantes, somos marcados pela linguagem, pelo significante, mesmo no mais extremo nível de intimidade que possamos estabelecer com nossos órgãos e com nosso corpo. Incidentalmente, a mediação do significante faz com que experimentemos nossa condição orgânica não como um todo, não no peso de uma unidade vital, em bloco, mas por fragmentos, pedaços, com os quais sonhamos, imaginamos, fantasiamos, enfim, representamos para nós próprios.

Podemos dizer que é por esse motivo que Lacan, que sempre defendeu o uso da palavra *pulsão* para traduzir o *Trieb* de Freud, que jamais significou *instinto*, não se preocupa tanto em dar à pulsão uma excessiva dignidade conceitual (como faz um Jean Laplanche, por exemplo), pois vê nisso o risco de que se tome a pulsão como um tipo de correlato, na espécie humana, do que é o instinto para os animais, de *animus* insondável que nos moveria. A pulsão é o nome do conjunto de efeitos que a linguagem perpetra no instinto (estrago ou montagem, pouco importa). Não há, assim, experiência instintiva no ser humano, no sujeito, mas experiência do instinto fragmentado e remodelado pelo significante, que é a pulsão.

O bebê-mamífero, portanto, não é o primeiro momento do sujeito, mas condição do pré-sujeito, prévia ao sujeito, que terá sido mítica quando o sujeito estiver constituído. Poderíamos perguntar por que então temos que considerar esta condição, se ela é excluída para o sujeito, ao estudarmos o processo de sua constituição? Porque, mesmo excluída, ela deixará marcas no sujeito, não diretamente, como dissemos, mas como uma herança a ser retomada e ressignificada pelo sujeito fazendo uso do significante para isso.

Nem naturalista nem culturalista, Freud é antes de tudo um pensador que teve a coragem de ir aos confins da relação da natureza com a cultura, para ali encontrar não o ponto de junção mas sim o de disjunção, interseção vazia que nodula, sem continuidade, essas duas dimensões da experiência.

Para isso foi levado a criar um mito, o único presente nos discursos científicos modernos: o do Assassinato do Pai da Horda Primitiva. Esse mito diz que, como sujeitos, procedemos de um ato, um assassinato, que nos arranca da natureza, que nos faz culpados, sem que tenhamos matado

Pai algum que fosse encontrável: matamos o Pai-natureza (não a mãe-natureza, porquanto nesta insistamos), e por esse ato ingressamos na cultura carregando uma espécie de "buraco em nossa alma". O que significa este buraco? Significa que é só por uma falta no nível do ser, do ser vivo, natural, que o sujeito tem a condição de emergir como tal. Significa também que esta falta fundadora do sujeito não se produz por si mesma, ou por algum processo natural, e tampouco cultural — já que a cultura carece, tanto quanto o sujeito, de uma teoria que possa explicar, no plano estrutural, sua constituição e seus processos —, mas requer o ato constituinte do sujeito para se fazer como falta. Trata-se de uma condição que comporta algo de paradoxal: a falta é fundante do sujeito, mas, em contrapartida, requer o ato do sujeito para se fundar como falta.

Podemos formular esse aparente paradoxo de forma mais inteligível dizendo que só há falta no nível do ser se houver sujeito, e que o sujeito é o *correlato ativo da falta*. Não faz sentido, assim, utilizar indiscriminada e generalizadamente, sem rigor, a categoria psicanalítica de falta, pois, ali onde não se trata de um campo do saber e da prática que tenha no sujeito sua referência axial, não é preciso nem faz sentido introduzir a noção de falta. Por outro lado, assistimos hoje em dia a uma proliferação do uso da categoria de sujeito; falar em sujeito passou a ser "bem pensante", mesmo em campos de saber e da prática em que não há nenhuma condição real de se tratar do sujeito da psicanálise, do sujeito do inconsciente. Aqui temos o caso inverso da mesma impropriedade: fala-se de sujeito sem nenhuma consideração à sua falta fundacional. Para a psicanálise, portanto, a falta é o que nos faz sujeitos *na* cultura, não *da* cultura, pois não somos meros efeitos da cultura, já que esta carece, tanto quanto o sujeito, de ser compreendida a partir dos fatos de estrutura que lhes conferem inteligibilidade.

É por carregarmos o fardo do vazio da natureza assassinada que não somos meros anjos culturais, pacíficos seres civilizados, simbólicos, vivendo eternamente perplexos com a barbárie dos que ainda não se teriam civilizado como nós. É por trazer a marca de ter ido a esses confins da natureza com a cultura que Freud não é um culturalista, tampouco um naturalista, mas um psicanalista. E é por isso também que nós, psicanalistas que seguimos o trilho por ele aberto, não podemos ceder às tão freqüentes tentações, que vão tanto na direção de biologizar quanto na de sociologizar nossa prática e nossa teoria, embora hoje, com a ascensão das chamadas *neurociências*, assistamos ao risco maior de um nefasto retrocesso às tendências organicistas do que o risco do culturalismo. Mas, em qualquer um dos casos, estaremos abolindo o lugar do sujeito na cultura.

Retomemos, então, o que vimos tendo que fazer a cada passo, porque cada um deles nos leva a considerar algum aspecto que, como o leitor pode verificar, não é dispensável para que caminhemos passo a passo.

O nosso adorável bebê ainda não é um sujeito, e supomos que ele é um ser de necessidade. Quem atende a esta necessidade? Outro ser de necessidade, tão imerso quanto ele na natureza? Não. Quem o atende, e que já propusemos chamar de mãe, mesmo se o ser em questão não for a genitora (como muitas vezes não é), é um ser de linguagem, alguém que já está do lado "de lá" do muro da linguagem, de onde só pode atender à necessidade do bebê com a linguagem. Primeira definição psicanalítica de mãe: genitora ou não, é o ser de linguagem que atende à necessidade de um filho de humanos através da linguagem. É o nome do adulto próximo (*Nebenmensch*) de que Freud nos fala, exatamente para — ao modo da ciência, que não particulariza os conceitos no ato de formulá-los — não aprisionar essa função à pessoa da mãe. Sem o atendimento às suas necessidades o bebê morre, pois ele não é capaz de executar o que Freud chama de *ação específica* para se manter na existência. A mãe, assim, é quem executa essa momentosa ação específica. E em que ela consiste, senão em atender, pela introdução da palavra, à criança?

O que se evidencia na introdução desta palavra que atende às exigências da criança é que, por ser atendido através da palavra, o ser de necessidade que teria sido até então o bebê humano se vê convocado a cindir seus interesses demasiado mamíferos em pelo menos dois planos fundamentais. Como poderia ele continuar sendo um simples mamífero se quem atende ao seu apelo traz o leite (nos casos bons), mas traz também o significante (em todos os casos, ainda que os mais mortíferos)? Não se vê claramente que esta vicissitude inexorável faz com que o bebê se veja diante de dois planos, um que traz um *objeto necessário*, outro que faz com que *alguém* traga o objeto necessário? O fato de que alguém o traga não é idêntico ao objeto trazido. É um desdobramento que não apenas é permitido como também, e principalmente, é exigido pelo fato da linguagem.

Freud precisou claramente a passagem do objeto da necessidade (leite, para simplificar com um exemplo *princeps* que respeita nossa condição na espécie) para o objeto do desejo, o que já se faz apreender na experiência psíquica que registra a experiência de satisfação da necessidade, como ele se exprimiu. Dizer que o sujeito registra, representa esta experiência, é dizer que ele a perde como natural, e Freud é claríssimo ao afirmar que o psiquismo procurará reencontrar o objeto segundo as linhas em que ele foi registrado psiquicamente. Ele denomina essa busca como desejo.

Mas Freud, que foi portanto quem introduziu este desdobramento, não deu suficiente atenção às suas conseqüências, talvez porque não tenha dado, como Lacan, maior destaque ao campo da linguagem que se interpõe na experiência. Foi Lacan quem introduziu, na passagem do plano da pura necessidade ao plano do desejo (esses dois pólos claramente estabelecidos por Freud como distintos), um terceiro nível, de algum modo intermediário, que se chama demanda.

A demanda é um plano da maior importância porque situa o desdobramento de que falamos no campo da alteridade, o Outro diante do qual a criança se situa. Se ela visa o leite, como animal mamífero, ela o recebe de alguém que a introduz no campo da linguagem (porquanto esse alguém já está irreversivelmente neste campo e é só de seu interior que pode atender à criança). Isso faz com que a criança passe a não mais poder visar exclusivamente o leite — o objeto da necessidade, mesmo que seja para perdê-lo como natural ao registrá-lo psiquicamente, como quis Freud, e assim transmutá-lo em objeto do desejo — mas ela é instada a querer a presença daquele que, como tal, lhe trouxe o objeto. A criança passa a querer a coisa trazida e aquele que a trouxe. São coisas muito diferentes, e por isso Lacan divide o campo do Outro em dois: o outro como objeto, que escreve com inicial minúscula, que, em francês, é a letra *a* (já que a palavra "outro" em francês começa por "a": "autre"), e o Outro como campo, lugar a partir do qual alguém traz o objeto. Visar a presença do Outro como tal, como capaz de atender à necessidade, é esta a essência da demanda.

E o desejo? De que modo ele é introduzido por Lacan na dialética da demanda, ou seja, no campo das relações do sujeito com o Outro?

Se a necessidade é, experiencialmente, mítica, uma vez que nenhum ser humano tem a possibilidade de experimentá-la como tal — ou seja, como ser da natureza, uma vez que não é possível ao ser falante experimentar a realidade, mesmo a mais primitiva, fora do campo da linguagem —, a demanda, por outro lado, não tem a menor chance de exprimir, em termos de linguagem, o que a necessidade, caso fosse diretamente experienciável, exprimiria. Não se trata, na entrada primordial da linguagem na experiência do sujeito, de uma espécie de "tradução", para a linguagem, do que seria a experiência (mítica) da necessidade. Tradução é passagem de uma língua a outra. Aqui trata-se da entrada da língua como tal, onde nenhuma língua existia antes. O que quer que seja a necessidade, ela só pode ser experimentada pelo sujeito sob a forma fragmentada, parcializada, mastigada, "moída" pelo significante. Da necessidade só resta o caráter imperativo, incoercível, *necessário*, por assim dizer, e sobretudo o fato de que esse movimento assim tão impelente se dirige a um objeto delimitado, numa palavra, um corpo, "porção delimitada de Outro" (assim como, na física, um corpo é definido como "porção delimitada de matéria").

A demanda introduziu o Outro como tal, como pura presença capaz de atender à necessidade da criança, conforme dissemos antes, ao abordar a duplicação do Outro produzida pela introdução da demanda na experiência. No nível da demanda, o sujeito não se move na direção do objeto, mas do Outro capaz de trazê-lo. Paralelamente, em outro nível, o sujeito se move na direção do objeto, de modo incoercível e impelente. No entanto, por força do efeito que a linguagem operou no que seria o plano natural e biológico da pura necessidade, e que podemos qualificar de devastador o objeto é aniquilado, tornado mítico. Assim, o objeto que teria sido natural, objeto da necessidade (o puro leite, por exemplo), perde sua cara, sua identidade, características que só a natureza poderia lhe conferir (instinto de fome, para os mamíferos, que já *traz consigo*, em sua programação biológica, o objeto que deve satisfazê-lo). Um dos efeitos que a passagem à demanda produz no plano da necessidade é apagar os traços, o "rosto" do objeto que atenderia ao instinto, caso ele não tivesse sido fragmentado pelo significante — o que o transformou em pulsão (*Trieb*).

Assim, no plano da demanda o sujeito se dirige ao Outro, demanda sua presença, seu amor (nome aqui que designa o movimento do Outro em atender, por presença, ato e linguagem, ao bebê humano), e *ao mesmo tempo*, é movido por uma força impelente e incoercível em direção a um objeto que, no entanto, é sem-rosto, é perdido como tal, é faltoso, e já se apresenta, de saída, como tal, ou seja, jamais foi conhecido pelo sujeito. Não é possível entender a demanda, que é sempre de amor, sem articular a esse entendimento o objeto faltoso que habita a demanda e o amor, ou seja, o objeto descaracterizado pela passagem do significante. Este objeto foi nomeado e criado por Lacan, e é muito conhecido no meio psicanalítico de orientação lacaniana: trata-se do famoso objeto *a*. Lacan o designa por esta letra porque é a primeira do alfabeto, a mais simples, e ao mesmo tempo porque o faz intervir na dialética das relações do sujeito com o Outro, e com o semelhante (o outro com minúscula, isto é, *a*, como explicado anteriormente). O objeto *a* sempre habita o objeto em geral, qualquer que seja, como o que faz dele um objeto faltoso, a começar pela imagem do corpo próprio, que é a imagem especular do bebê, seu primeiro objeto.

Pois bem, o objeto *a* é o objeto causa do desejo, aquele que, por incidir como faltoso na experiência, causa o desejo do sujeito. Veremos posteriormente que isto não significa a mesma coisa que *objeto do desejo*, pela razão de que, quando o desejo se volta para objetos — única coisa, aliás, que ele faz, incessantemente —, ele o faz revestindo o objeto faltoso que o causa com alguma marca, algum atributo de significação que faz do objeto o alvo do desejo. Causa e alvo, no caso do desejo, portanto, jamais coincidem.

Se a demanda elevou, por assim dizer, o objeto à categoria de Outro, e lhe deu todas as prerrogativas de presença e de amor, o desejo faz o movimento contrário, reconduz o movimento da demanda ao plano do objeto, rebaixa o Outro a esse plano, destitui o Outro das prerrogativas que a demanda lhe conferiu e dá novamente os títulos de honra ao objeto. O desejo degrada o Outro em objeto, ou seja, reduz seu grau, promovendo uma queda do Outro e sua virada no objeto que, dele caindo, o descompleta, o fura, o barra.

Vemos, pelos passos dados até agora, que a demanda não é concebível sem a intervenção do desejo, que a move no nível da causa, e sem o qual a demanda seria passível de satisfação, através do que, nesse caso, seria uma resposta adequada e perfeita do Outro ao apelo do sujeito. Há algo na demanda que poderíamos, a justo título, denominar de sua *mentira estrutural*, e que torna impossível essa situação de satisfação plena da demanda, que o poeta Caetano Veloso soube tão bem exprimir na letra da música "O quereres", que traduz magnificamente a concepção psicanalítica do desejo, que impede "a mais justa adequação, tudo métrica e rima, e nunca a dor".

A mentira estrutural da demanda consiste em fazer crer que ela é formulada para ser satisfeita. Na medida em que a demanda articula pela linguagem as necessidades do sujeito, ela promove o desprendimento dos objetos que, só suposta e aparentemente, seriam por ela demandados. Em sua verdadeira estrutura, a demanda já é, de saída, habitada pelo desejo, que a atinge com a marca da impossibilidade de satisfação. A prova disso é que, quando se demanda algo, um objeto, a alguém, jamais se fica satisfeito, e se demanda imediatamente outra coisa, outro objeto. Se houvesse um nível da demanda que visasse verdadeiramente os objetos demandados, a satisfação, neste nível, seria possível, e seríamos levados ao equívoco de exigir que só em um segundo nível da demanda a incidência da insatisfação — e portanto do desejo — se daria.

A experiência humana contraria, contudo, ponto por ponto, essa expectativa. Como a psicanálise tem a curiosa peculiaridade de tratar daquilo que, de certo modo, todo mundo sabe, mas ninguém quer saber, podemos aqui evocar a sabedoria do homem comum para dar plena razão à idéia de que o que se pede (a alguém, aos parceiros amorosos, aos pais e filhos, aos amigos, aos patrões e empregados, a Deus, enfim, ao Outro) não coincide com o que verdadeiramente se quer. Além disso, não se pode jamais saber exatamente o que se quer, revelando-se que não se trata, aqui, de uma estratégia de esconder o jogo ou de uma estranha e patológica preferência pela frustração, mas de uma condição estrutural do desejo, que faz com que ele não possa ser *formulado em palavras*, ou, nos termos de Lacan, que ele não seja *articulável.* O desejo, diz Lacan, é *articulado no inconsciente*, mas não é *articulável.*

Na tradição do pensamento filosófico e científico, ao que não é articulável só resta ou permanecer no plano do inefável, que toma muito freqüentemente as formas do misticismo ou do intuitivismo, ou permanecer em "espera" até que o saber venha articulá-lo (esperança e fé no progresso da ciência, por exemplo), conclui-se, rapidamente demais, sem a psicanálise, que o desejo é desarticulado, caótico ou simplesmente não-articulado. No entanto, o que a psicanálise introduz, com sua concepção de inconsciente, é que o que não é *articulável* pode, no entanto, já ser *articulado*.

Expliquemos melhor: aquilo que é impossível a um sujeito articular com palavras, nem por isso deixa de ser estruturado, ou articulado, ao nível do inconsciente. Aliás, *inconsciente estruturado* quer dizer exatamente isso: algo que é *articulado* no *logos* da linguagem mas que nem por isso é *articulável* em palavras na fala do sujeito. Assim, é justamente por já ser articulado no nível da estrutura inconsciente que o desejo não é articulável pelo sujeito. A verdadeira dimensão trágica da experiência do sujeito está nessa impossibilidade, e na correlata inexorabilidade da sujeição do sujeito ao que se articula sem o seu arbítrio, decisão ou vontade, sem a sua consciência, mas certamente com sua escolha ativa, no ato mesmo em que se faz sujeito do inconsciente.

Isto é o seu desejo, e é neste nível, em que o desejo é articulado, que podemos formular sua dimensão simbólica. O desejo, assim como o sujeito, é RSI: real no plano de sua causa, simbólico em sua articulação e imaginário em suas vias de realização, na medida em que ele se realiza sempre na direção dos objetos delimitados que constituem a realidade do sujeito, e que são regidos pela trama de sua fantasia, e jamais se dirige, como a demanda e o amor, ao Outro como tal, Outro que o desejo visa, justamente, reduzir em objeto. Dado que é sobretudo quanto a este aspecto que o desejo se diferencia da demanda, é na relação com o imaginário que sua notação literal se faz: *D* para Demanda, *d* para desejo.

Vemos, assim, que o primeiro circuito de satisfação da primeira necessidade do sujeito já é marcado pelo significante, e portanto no primeiro circuito da demanda, o desejo já incide, já impossibilita a colagem da demanda com a mensagem que responde a esta demanda.

A experiência da análise revela isso de forma clara e bela, eu diria. O analista, desde o início, dá uma resposta à demanda (sim, porque o analista nunca deve deixar de responder, ainda que sua resposta tome a forma do silêncio, pois toda palavra é apelo, e todo apelo visa uma resposta). Sua resposta à demanda do analisante consiste em não satisfazê-la, em não atender ao pedido, atendimento que consiste em provê-lo do objeto demandado — palavras, informações, opiniões, avaliações, conselhos, barganha de preço sem nenhum trabalho de escuta e problematização do motivo, entre mil outras modalidades de satisfação. Por que ele faz isso? Será que é para frustrar o analisante, acreditando, como acreditaram e formularam muitos psicanalistas depois de Freud, que a frustração das demandas produziria a regressão que conviria à análise, fazendo com que o analisante assim revisitasse seus pontos de fixação infantil na transferência e os expusesse ao trabalho analítico? Não, não é para produzir a frustração, mas para evidenciar o que ele sabe, ou deveria saber, ou seja, que a demanda não é formulada para ser satisfeita (esta é a sua mentira estrutural, como dissemos anteriormente) e que a sua satisfação aparente é uma tentativa de enganar o sujeito e a ele mesmo (analista). Em geral, o desconhecimento disso pelo analista leva ao rompimento da análise, na medida em que o sujeito acaba por não se deixar enganar, mesmo sem saber exatamente dizer claramente qual é o engano.

O analista, ao recusar, por sua resposta, o atendimento da demanda, sustenta a verdade desta em vez de engodar-se em sua mentira, reforçando-a. Podemos dizer que, assim, o analista é a única função existente no conjunto dos laços sociais que verdadeiramente *sustenta* a demanda, não no sentido de alimentá-la, mas no de não pretender eliminá-la prontamente, seja pelo rechaço, seja pela ajuda presta e solícita, samaritana. Sustentando que o sujeito continue demandando, de objeto em objeto aparente, o analista permite que o próprio sujeito trace o mapa de suas frustrações e fixações através de suas cadeias de palavras associativas e de sua transferência — o que é diferente de frustrá-lo por sua intenção. Permite também que o sujeito se depare com o fato estrutural de que o que ele demanda está sempre para além dos objetos demandados, e que, fundamentalmente, o que ele demanda é o ser do Outro como tal. Permite, assim, que o sujeito formule para si mesmo que a sua demanda é, fundamentalmente, demanda de amor, o que não significa demanda de ser amado, mas demanda que se situa no plano do amor. Permite, enfim, que o sujeito aceda ao amor por seu ato, como dom ativo, mais do que como anseio de ser amado, ou, em outras palavras, que o sujeito se realize no plano da ordem simbólica, fazendo entrar o simbólico no real, o que quer dizer a mesma coisa.

A distinção entre os dois níveis da demanda torna possível estabelecer um diferencial teórico claro e preciso entre dois modos de conduzir uma terapêutica — sendo um deles, e apenas um, aquele que especifica a direção psicanalítica da experiência clínica, diferenciando-a das psicoterapias. Trata-se da distinção entre *sugestão* e *transferência.* Freud parte da sugestão (a pós-hipnótica) para chegar à transferência, e só então funda a experiência psicanalítica como tal. Ele não desconhece que a sugestão faz suas incidências na experiência psicanalítica, e por isso adverte que ela deve ser analisada, a fim de que a transferência se estabeleça. A transferência é, portanto, a sugestão, desde que analisada. Direi também que as psicoterapias se baseiam na sugestão, sabendo-o ou não, porquanto se empenham em dar respostas — precisamente as respostas terapêuticas — às demandas do sujeito. Acreditam, assim, que aquilo que o sujeito demanda é o que deseja, ou simplesmente não fazem nenhuma distinção entre esses dois níveis. Hoje, em um mundo coalhado de igrejas universais demasiado particulares, inundado pelo oceano do misticismo e da mistificação, a sugestão é praticamente a regra geral, bem além do limite em que se mantêm as psicoterapias tradicionais.

A respeito da diferença entre sugestão e transferência, Freud utiliza uma bela imagem metafórica que ele toma de Leonardo da Vinci, que distingue dois tipos de arte: as artes do *pôr* (*artes di porre*), como a pintura, que coloca tintas sobre uma tela, correlato da sugestão e das psicoterapias, e as artes do *tirar* (*artes di levare*), como a escultura, que revela as formas já virtualmente contidas na matéria bruta através da retirada de material com o uso do cinzel, correlato da transferência e da psicanálise. Já Lacan, na mesma direção, afirma que o poder com que o analisante investe o analista, em um movimento que é, inicialmente, de sugestão, só tem a chance de se desenvolver como transferência à condição de que o analista abstenha-se, justamente, de fazer uso desse poder.

O que se situa entre esses dois níveis, o da sugestão e o da transferência, e que podemos formular em termos de dois níveis da demanda, mantendo-as distintas e separadas, inconfundíveis, é precisamente o desejo. O fator que faz com que o sujeito *resista* à sugestão é o desejo. ("Quem resiste?", pergunta Lacan, e responde, prontamente: "É o desejo"). Assim, podemos fazer uma nova leitura da resistência, não como fator negativo para a análise, mas como prova de existência do desejo, indício de sua incidência. A resistência foi exatamente aquilo que Freud aceitou enfrentar quando abandonou a hipnose, a sugestão, portanto, e fundou a psicanálise. É portanto curioso e significativo que a hipnose esteja, hoje, mais de cem anos depois, de volta à moda.

O desejo, diferentemente das demandas, não pode ser dito, nem formulado, mas apenas visado pela pergunta — "*Che vuoi?*" — feita à demanda. Como disse antes, é porque o desejo já habitava, de saída, as primeiras demandas de satisfação do sujeito, é por isso que a demanda não pode ser satisfeita. Para que o sujeito aborde seu desejo, situe-se em relação a ele, o signifique para si, e finalmente o realize, o torne real em sua existência, em sua experiência, é preciso que ele adentre o plano do amor.

O sujeito, o desejo e o falo

O que é o falo? Por que a psicanálise insiste em utilizar esta categoria, que, afinal, é o nome *cult* do órgão genital masculino, seu apelido *grego*? Que relação tem o falo com o pênis, já que, quando se trata do falo, a primeira coisa que soa no ambiente é a advertência, proferida pelos menos ingênuos, de que *o falo não é o pênis*, ao mesmo tempo que se está no direito de pensar: "mas, bolas, afinal de contas, alguma relação há de haver entre os dois!"

E certamente há, sem o quê a referência conceitual que tem o nome de falo seria vã. Temos que partir, como sempre, de Freud. Foi ele que, em 1923, em um texto chamado "A organização genital infantil — uma interpolação à teoria da sexualidade", introduziu o que ficou conhecido como *primado do falo*.

Como também sempre ocorre, os títulos dos escritos de Freud são, além de belos, como é sua escrita, extremamente eloqüentes: quase se pode saber a direção do texto por uma cuidadosa leitura do seu título. Vejamos esse exemplo: "organização genital infantil". A parte principal do título já indica que o texto introduz uma novidade, uma organização infantil da sexualidade que merece o atributo de *genital*, quando, até então, a teoria freudiana da sexualidade — que teve sua primeira sistematização em 1905, nos famosos *Três ensaios sobre a teoria da sexualidade* — destinava a genitalidade para depois da infância, como uma posição do sujeito na sexualidade que só poderia ser atingida na puberdade. A sexualidade infantil permanecia, até 1923, *pré-genital* em todas as suas organizações e manifestações. O subtítulo confirma o que já se indica no título: introduzir uma *organização genital infantil* constitui, assim, *uma interpolação à teoria da sexualidade.*

Como podemos ler esse deslocamento? Muitas leituras tendem a verificar, nele, a confirmação de uma tendência desenvolvimentista, que, a rigor, não existe em Freud, traduzindo seu argumento mais ou menos da seguinte forma: Freud, já em 1905, trouxe a sexualidade para a infância, descobrindo que os fenômenos sexuais, que a ciência até então só admitia existir após a puberdade, já existiam desde a tenra infância, mas deixou de fora do escopo da sexualidade infantil, nesse primeiro momento, a organização genital, que só seria atingida na puberdade. Agora, em 1923, ele fez uma nova descoberta, na mesma direção, que corrige o erro decorrente de sua restrição inicial, trazendo também o genital para o período infantil.

Discordo dessa leitura, que reforça um suposto caráter desenvolvimentista de uma teoria que o contraria ponto por ponto, e que, em minha concepção, já não existia em 1905. A teoria freudiana da sexualidade não é desenvolvimentista, e a própria introdução da noção de uma sexualidade infantil só foi possível a Freud porque ele rompeu com essa perspectiva do desenvolvimento, na medida em que situou a *sua noção* de sexualidade — aquela que se articula no inconsciente, que está na base da neurose, que é própria ao ser falante — precisamente na infância, ou seja, ali onde a sexualidade genética, a concepção vigente até Freud aparecer, é impossível. Não cabe aqui a demonstração desse argumento, que seria longa, mas em meu modo de ler esse momentoso passo de Freud, direi que, na organização genital infantil, trata-se de submeter a própria genitalidade à lógica, já estabelecida anteriormente para as organizações ditas pré-genitais, da sexualidade infantil, ou seja, no registro em que já era impossível uma sexualidade psicobiológica. A sexualidade freudiana é regida por outra lógica: articula-se no inconsciente, não se fundamenta em processos bioquímicos visando a reprodução da espécie, não é baseada no instinto, tendo exigido a criação de outra categoria — a de pulsão — para articulá-la. É, enfim, a sexualidade do falante, que se estrutura através do significante. Ora, no primeiro momento da teorização freudiana, o genital ficara de fora, ainda submetido a uma lógica psicobiológica, por assim dizer, e vinculado à maturação, efeito das *transformações da puberdade*. Este é o título do terceiro dos *Três ensaios* de Freud, que, ao contrário do segundo (o revolucionário ensaio intitulado "A sexualidade infantil"), é eivado de referências biológicas e maturacionais. Em 1923, o genital é finalmente submetido, por Freud, à lógica de sua sexualidade infantil: passa por assim dizer do terceiro para o segundo dos três ensaios sobre a teoria de sexualidade.

É nesse contexto que a primazia do falo pode finalmente ser introduzida no pensamento freudiano. Não é anódino o fato de que essa primazia só surge quando não se trata mais do genital como ponto de chegada do desenvolvimento psicossexual de um indivíduo, mas de uma lógica que, não mais admitindo exceções maturacionais, faz tudo o que é da sexualidade humana passar pelo desfiladeiro do significante, pela fragmentação, pela moenda do simbólico: é só aí que o genital, como questão central do desejo sexual do ser falante, poderá encontrar seu lugar na doutrina psicanalítica.

Até esse momento, era como se a sexualidade infantil só pudesse se organizar em torno da sua disposição perversa polimorfa, que a dispunha entre os pólos oral e anal, e suas subdivisões e arranjos, segundo as diferentes zonas erógenas e pulsões parciais em jogo. A tendência de muitos autores pós-freudianos, a partir do que fez Karl Abraham em 1924, foi a de inserir uma fase intermediária entre as ditas fases oral e anal e a "fase genital", que seria a fase fálica. Teríamos, assim, um perfeito quadro do desenvolvimento psicossexual do indivíduo, desde sua infância (entendida como mero período vital e não como lógica), e disposto em fases sucessivas: oral, anal, fálica e (finalmente) genital.

Ora, é justamente esse quadro que Lacan virá interrogar, e demonstrar sua impropriedade, em termos do próprio pensamento freudiano: o falo não designa uma das "fases", mas o ponto de articulação das organizações pré-genitais (oral e anal) ao nível de um significante ordenador — que é precisamente o significante falo, ou o falo como significante — que permite ao sujeito o acesso a um ponto para o qual não há significante algum, o ponto em que o sexual como tal não se faz representar no inconsciente, o ponto que a doutrina freudiana situa no cerne daquilo que, não por acaso, Freud chamou de castração, o ponto no qual o próprio falo, como significante, incide como faltoso.

A grande virtude da leitura lacaniana é justamente, aqui, a de situar o falo não como um órgão do corpo (o pênis como órgão material), não como um mero objeto imaginário (condição que o falo pode assumir, mas que não é sua condição primordial), nem mesmo como uma fantasia, mas como significante, como operador simbólico que permite ao sujeito situar-se quanto ao seu desejo, porque permite ao sujeito se fazer representar em face daquilo que, enquanto tal, não tem representação no inconsciente: a diferença sexual, o sexo.

Vale lembrar aqui que a descoberta freudiana, feita em sua clínica, é a de que os dois sexos (homem e mulher) não se fazem representar no inconsciente, cada um com seu "símbolo" respectivo: para os homens, o falo — que, caso assim fosse, seria mesmo a representação icônica do pênis — e para as mulheres, o símbolo *x* que representasse seu órgão (qual? o clitóris, a vagina, o útero?). Freud dizia que a vagina permanecia *unterdrüken* (não-representada), e que a diferença sexual só se fazia inscrever no inconsciente *por suas conseqüências* (parte do título, igualmente eloqüente, de outro escrito de Freud, da mesma época do que vimos tratando).

Não há, assim, relação biunívoca entre cada um dos dois sexos e sua representação inconsciente. Não há inscrição dos dois sexos no inconsciente. Não há *relação sexual* inscrita no campo do simbólico, que é coextensivo ao que, de inscrito ou inscritível, há no inconsciente. O sexual, como tal, fica fora do simbólico, e o que dele se inscreve é o significante falo, precisamente porque faz objeção a que cada um dos sexos se relacione, no sentido de *fazer correspondência* com o outro. É essa âncora real, por assim dizer, que o sexo tem na psicanálise que faz com que, em nosso campo, prefiramos evitar a categoria de "gênero", cujo matiz sociológico tende a dissipar a impossibilidade da escrita da relação sexual no inconsciente. Para a psicanálise, há sexos, sexuação, e não gêneros, sendo a sexuação justamente o nome do conjunto de passos, operações, impasses e atos que o sujeito dá, faz, sofre e atravessa para se situar como homem ou como mulher, dada a impossibilidade de que ele ocupe qualquer um desses lugares "de saída", de nascença, como dádiva natural ou divina: ele terá que atravessar a castração, ou seja, a inexistência do significante que pudesse definir a posição de cada sexo no campo do Outro, no inconsciente.

Por força desse ponto de inexistência de um significante no campo simbólico a que se chama de castração, todas as noções fundamentais da psicanálise são redefinidas, realinhadas, reordenadas, na medida em que são atingidas pela marca da castração, que as atravessa. O que é, a partir dessa observação, o *genital* para a psicanálise? O que significa dizer que o desejo do sujeito se estrutura no plano genital? Será que isso quer dizer que o sujeito *amadureceu*, no plano de seu desenvolvimento libidinal, de fase em fase, ao longo da etapas ditas *pré-genitais* deste suposto desenvolvimento, até chegar à genitalidade? Mas como sustentar isso se a castração traz justamente a impossibilidade de que o inconsciente represente um *par genital*? Como conceber a posição genital em termos de amadurecimento ou desenvolvimento?

Por outro lado, não se trata de, jogando fora criança e água da banheira, descartar a problemática da genitalidade e do desejo, afirmando, por exemplo, que, em decorrência da castração, o sujeito *não atinge* a genitalidade, permanecendo sempre em algum modo de organização pré-genital. Essa idéia se harmoniza com outra, segundo a qual a genitalidade seria um ponto *ideal*, a ser dissolvido pela análise, como deve ocorrer com todos os ideais.

Não: o genital, como ponto e incidência do *furo da castração* na experiência subjetiva do desejo, não se erige como ideal precisamente porque afeta o sujeito ao modo do furo, do esvaziamento de todo sentido possível, ponto de *nonsense* ao qual só o desejo como tal pode responder. E é por isso que Lacan relaciona o genital com o desejo e as posições pré-genitais com a demanda: quando se trata dos planos oral e do anal, pode-se permanecer na confusão entre demanda e desejo, na medida em que os objetos orais e anais podem ser demandados, recusados, intercambiados, além de permitirem que o sujeito *formule*, ou seja, articule pela palavra, suas demandas.

Ora, como já dissemos anteriormente, a diferença entre demanda e desejo está justamente nesse ponto: o desejo, que por um lado é articulado no inconsciente (não é inefável, nem caótico, nem místico), não pode, no entanto, ser articulado pelo sujeito, formulado em palavras, reduzido ao plano dos significantes. O desejo habita o coração da(s) demanda(s), mas como ponto inarticulável, indizível, e que só pode ser significado, interpretado, localizado por meio do significante, certamente, mas não como um significante que pudesse dizer o que ele é, e sim como um significado que fará com que ele seja sua própria interpretação.

Do mesmo modo, o sujeito, como categoria axial que atravessa todo o campo da experiência psicanalítica e portanto todo o campo do saber que responde pelo nome de psicanálise, sofre o efeito da castração, não apenas como o sujeito concreto com quem lidamos, que analisamos, mas como categoria conceitual: o sujeito é o nome de *algo* cujo modo de existir é a *elisão*, a *barra*, a *abolição*, operações pelas quais o sujeito se constitui e se realiza na experiência.

Não concluiremos este breve livro sem mais este passo, que nos confronta com algo absolutamente enigmático: o tal *sujeito* do qual falamos ao longo de todas essas páginas é uma *coisa* muito estranha, que *tanto mais* existe e se realiza *quanto mais* ele é abolido, elidido, barrado. Esse é seu modo próprio de existir, como o *modo do fogo é quente*. O que o abole, elide e barra é precisamente o significante, que o funda e constitui.

A condição de *abolido* que é a condição mesma do sujeito, seu modo de ser, evoca o início de nossa caminhada, qual seja, a questão de saber se *sujeito* é ou não um conceito. Naquele momento inicial, respondemos a isso explorando, panoramicamente, o campo da ciência e da filosofia, nele inserindo o surgimento histórico do sujeito. Aqui, retomamos a pergunta por outro viés: que tipo de *existente* o termo *sujeito* designa? O que é isto que se chama sujeito? O *sujeito* é algo que existe por aí, é ele encontrável na realidade empírica? É uma positividade, um referente factual do conceito que leva seu nome?

Depois dos passos que demos, creio que estamos em condições de responder negativamente a essas perguntas. Não, o sujeito não é o nome de um referente empírico que existe por aí, que se encontra na realidade. O sujeito é um *operador* que se impõe a nós, desde que nos coloquemos em determinada perspectiva, em determinado lugar a partir do qual interrogamos a experiência humana, seguindo os passos de Freud, que foi o primeiro a fazer isso.

O sujeito é, portanto, sempre *suposto*. Não o encontramos na realidade, mas o supomos. Ou melhor, somos forçados a supô-lo a partir do momento em que reconhecemos a incidência do significante na experiência humana, esse *átomo de simbólico* que, por não ter em si mesmo significação alguma, convoca, no ser vivo, quando ele é falante (ou seja, quando é habitado pelo simbólico), a resposta que se chama de sujeito. Somos forçados a supor o sujeito quando reconhecemos o significante porque na verdade é o significante (e não nós) quem supõe o sujeito. O sujeito é, pois, uma suposição do significante, que se impõe a nós.

Impõe-se a nós, o que significa que *não podemos não* admiti-lo. Toda vez que somos levados a adotar essa fórmula "não podemos não..." é sinal de que estamos diante de efeitos de estrutura, de imposições do real. Não podemos não admitir o sujeito. Freud encontrou os primeiros efeitos dessa estrutura que lhe impôs admitir o sujeito (embora ele não o tenha nomeado assim) nos sintomas, sonhos, atos falhos, chistes, nas chamadas *formações do inconsciente*. Desde então, ele não cessou de ter encontro marcado, diariamente, com o sujeito: com os neuróticos, os criminosos, os perversos, os homens comuns, os artistas, os psicóticos, os psicanalistas...

Em todas as situações que exigem dos cientistas sociais, dos pensadores e pesquisadores do campo das ciências humanas e sociais a elaboração de teorias que sejam capazes de responder aos "fatos", o sujeito será um ponto paradoxal, que interrogará essas respostas e teorias. Exemplo: se a criminologia quiser explicar o ato criminoso com as teorias psicológicas ou sociológicas que exaurem fatores biológicos, biográficos, ambientais e sociais, em proporções variáveis e com toda a imensa gama de possibilidades e confrontos, mas que excluem o lugar do sujeito, ela só encontrará sua própria insuficiência — o crime, como ato de um sujeito, que introduz um ponto real sobre o qual nenhum saber existente fora deste ato será capaz de explicá-lo.

A psicanálise é o único campo do saber e da experiência humana que toma em conta esse ponto real e o faz operar. Não porque ela produza um saber superior ao de outros campos conexos ou próximos, mas precisamente porque ela subverte o lugar e o modo como qualquer saber pode ser produzido, estabelecendo, a partir da suposição de um sujeito do inconsciente, que qualquer saber verdadeiro sobre o sujeito só pode ser produzido nas condições do dispositivo psicanalítico, ou seja, a partir da relação do sujeito com o ato da fala.

Por isso Freud, para indicar o lugar do sujeito, precisou, como já dito antes, recorrer ao mito, o mito do Pai primordial, pelo qual Freud cria um vão, um ponto de interseção vazio, um *confim* entre natureza e cultura, e nele situa impavidamente o Pai primitivo, mítico, que jamais existiu em sociedade ou família alguma. E esse pai é assassinado, ato pelo qual se funda a sociedade civilizada, a Lei, o Desejo, enfim, o campo da experiência a que se chama de Sujeito. Se o Pai da horda nunca existiu e portanto nunca pôde ser assassinado no plano da realidade, o Assassinato do Pai é condição essencial da estrutura do sujeito, sem a qual nenhuma realidade poderá existir como *realidade de e para um sujeito.*

O mito, portanto, que se apresenta como mito de origem da civilização, é o modo de Freud introduzir o sujeito no campo de experiência social, cultural, mas também, na experiência psicológica que, como tal, não comporta o sujeito. Fiel à direção de Freud, mas por caminhos muito próprios, Lacan deu às formulações míticas de Freud um desenho lógico. Para isso, a elaboração de uma teoria do sujeito foi peça chave, fundamental, não como parte do desenho, mas como instrumento mesmo do ato de desenhar. Assim, do desenho lacaniano, a categoria de sujeito não é a forma, mas o compasso.

Referências e fontes

• A expressão *do mundo fechado ao universo infinito*, na p.11, é exatamente o título de uma das obras mais importantes de Alexandre Koyré, grande pensador e filósofo da ciência, em quem Lacan se inspirou para situar o "corte maior" que resulta do surgimento da ciência como um evento essencialmente "Doutrinal de Ciência" de Lacan, como o denominou Jean Claude-Milner em sua *Obra clara* (Rio de Janeiro, Zahar, 1996), fundamenta-se nas idéias de Koyré.

• O escrito mais proeminente desse Doutrinal de Ciência de Lacan intitula-se *A ciência e a verdade* (*Escritos*, Rio de Janeiro, Zahar, 1998), e é nele que encontramos a tese da relação de derivação da psicanálise para com a ciência moderna, incluindo a chamada "equação dos sujeitos" — o da psicanálise e o da ciência — referida na p.15.

• Nas p.17-19, introduzimos a Regra Fundamental de Freud, por ele anunciada no artigo dito "técnico": *Sobre o início do tratamento* (1912), no volume XII das Obras completas de Freud (Rio de Janeiro, Imago, 1976).

• Nas p.21-2 as expressões *função da fala* e *campo da linguagem* compõem o título de um importantíssimo escrito de Lacan, que, além de seu valor textual, é também uma espécie de texto inaugural de seu ensino, datado de 1953, ano em que ocorre a primeira cisão institucional e em que seu seminário regular começa a ser sustentado, ininterruptamente, por 27 anos, até 1980. A expressão de Lacan é de uma precisão e de uma contundência impressionantes, ao reorientar, já no título de seu escrito, o próprio eixo de abordagem da questão da linguagem para o sujeito falante.

• As formulações de Lacan às quais fazemos alusão na p.27, a partir da lógica que rege as proposições estruturadas por "...cessa de se escrever" e as variações resultantes da negação incidente em dois pontos diferentes — antes dos dois verbos, respectivamente, "cessa" e "escrever" — fundamentam-se em Claude Sanders Peirce (lógico e filósofo americano) e Gottlob Frege e estabelecem uma relação proposicional com os três registros lacanianos: o Simbólico, o Imaginário e o Real.

• Considero interessante a expressão "pessoa atual" que Lacan utiliza no escrito "Variantes do tratamento padrão" (1955) para designar exatamente a função que o analista não deve assumir na transferência, como assinalado na p.31: primeiro, porque a expressão utiliza a palavra "pessoa", que não é um conceito psicanalítico e que concerne justamente a um dos modos de pagamento do analista na empreitada analítica. Como dirá Lacan em outro escrito, "A direção da cura e os princípios de seu poder" (1957), o analista paga com sua pessoa, a qual ele empresta à transferência no plano da estratégia que, ao lado da tática (interpretação) e da política (falta-de-ser), compõem o tríplice artefato do agenciamento de uma análise.

• Na p.32, referimo-nos à escrita de Lacan: "o sentido mente", *le senti ment*, que, em francês, permite uma homofonia perfeita com a palavra sentimento — *sentiment*, para demonstrar, na literalidade interpretante, o caráter falacioso do sentimento em relação à verdade do desejo do sujeito. Em português, poderíamos propor o termo *sentimente*, que não é homófono perfeito de sentimento, mas expressa o mesmo equívoco.

• No seu romance *O diabo enamorado*, o escritor italiano Jacques Cazotte descreve um diálogo entre seu personagem e o diabo em uma gruta em Nápoles, no qual o diabo lhe pergunta "*Che vuoi?*" (Que queres?). Esta expressão ganhou estatuto nocional, designando a pergunta analítica ao desejo inconsciente, além de condensar a alusão freudiana aos "demônios do fundo do inferno" que fariam sua aparição no amor transferência (o diabo é *enamorado*), como se vê na p.33.

• O Mito do Assassinato do Pai da Horda Primitiva, ao qual me refiro na p.47, é desenvolvido por Freud no texto *Totem e tabu* (1913), volume XIII das Obras completas de Freud (Rio de Janeiro, Imago, 1976).

• Freud usa em alemão, a respeito da relação da pulsão com seu objeto, o verbo *mitzubringen*, que tem exatamente o mesmo significado da expressão *trazer consigo* em português. Ele diz que a pulsão justamente não traz consigo o objeto. Isso se refere ao texto das p.53.

• Na p.60, a referência à belíssima metáfora de Leonardo da Vinci é retomada por Freud em seu texto *Sobre a psicotera-*

pia, ao opor a psicanálise (escultura) às técnicas de sugestão (pintura).

• O texto de Freud *A organização genital infantil — uma interpolação à teoria da sexualidade* mencionado na p.62 faz parte do volume XIX das Obras completas de Freud (Rio de Janeiro, Imago, 1976).

• A discussão da questão introduzida na p.63-4 foi amplamente desenvolvida por mim em outro livro: *Corpo e sexualidade em Freud e Lacan* (Rio de Janeiro, Uapê, 1995).

• Karl Abraham, em 1924, escreve *A teoria psicanalítica da libido* (Rio de Janeiro, Imago, 1970), em que ordena, de modo deformador, a meu ver, as idéias de Freud sobre a libido e a sexualidade infantil, fazendo crer que Freud teria elaborado uma teoria psicológica do desenvolvimento psicossexual em fases geneticamente seqüenciadas, o que violenta a complexidade do método freudiano, o qual está longe de ser redutível a isso. Estamos na p.65.

• O texto de Lacan em que ele situa claramente o estatuto conceitual do falo é "A significação do falo", em *Escritos* (Rio de Janeiro, Zahar, 1998), ao qual aludimos na p.65-6.

Leituras recomendadas

Não é uma tarefa fácil a indicação de livros sobre o "sujeito", tal como é concebido na psicanálise, sobretudo para aquele que começa a dar seus primeiros passos no assunto, ou que deseja caminhar passo a passo. Esta categoria, a de sujeito, procede do campo filosófico, e foi efetivamente com Lacan que fez sua entrada em um campo francamente não-filosófico — o psicanalítico — derivado da Ciência e por esta eminentemente marcado. Os principais livros sobre o assunto são, assim, escritos do próprio Lacan ou de seus seguidores.

Em Freud, sugerimos a leitura dos principais textos ditos "tópicos": *A interpretação de sonhos* (1900), *Formulações sobre os dois princípios do funcionamento psíquico* (1911), *Para introduzir o narcisismo* (1914), *O inconsciente, pulsões e seus destinos, Recalque* (1915), *O Eu e o Isso* (1923), *Além do princípio de prazer* (1920), *Inibição, sintoma e angústia* (1926), *Esboço de psicanálise e divisão do eu no processo de defesa* (1938), apenas para citar alguns, já que há muitos outros de grande interesse sobre o tema, nos quais o leitor, se não encontrar a noção de sujeito assim nomeada, certamente aprenderá o essencial sobre o que é um sujeito em sua relação com o inconsciente. Todos fazem parte das Obras completas (Rio de Janeiro, Imago, 1976).

No ensino de Lacan, que se divide em duas grandes modalidades — Os Escritos e O Seminário, sustentado por 27 anos, de 1953 a 1980, tendo um tema em cada ano —, encontramos uma curiosa particularidade: nos dez primeiros anos do Seminário (1953-1962), que foram dedicados à leitura crítica de textos freudianos, até o corte do Livro 11 (1963/64) em que Lacan passa a dar outra direção a seus seminários, observa-se uma curiosa alternância: os seminários de números ímpares (1, 3, 5, 7 e 9) têm sua ênfase na Ordem Simbólica, no Significante, enquanto os seminários de números pares (2, 4, 6, 8 e 10) enfatizam justamente o *sujeito*. É claro que, sendo o sujeito o efeito do significante, em todos eles trata-se também do sujeito. Indico esta particularidade apenas como uma maneira de informar a leitura dos dez primeiros seminários, caso o leitor os procure como referência.

No campo dos seguidores de Lacan, sugerimos a leitura de Bruce Fink, *O sujeito lacaniano* (Rio de Janeiro, Zahar, 1998) e de Bertrand Ogilvie, *A construção do conceito de sujeito* (Rio de Janeiro, Zahar, 1998).

Entre os escritos de Lacan, temos as seguintes referências principais: "Subversão do sujeito e dialética do desejo", de 1960, que se encontra na coletânea intitulada *Escritos*, publicada pela Zahar em 1998. No mesmo volume, encontramos alguns outros textos: *Do sujeito enfim em questão* (1966) e "Metáfora do sujeito" (1961). São textos difíceis, sobretudo os dois últimos citados, já que o primeiro, que impõe ao leitor atento um enorme trabalho em sua leitura, é contudo um texto muito mais longo e elaborado, o que traz, por outro lado, maiores recursos de compreensão.

Sobre o autor

Concluí o curso de psicologia na Pontifícia Universidade Católica (PUC-Rio) em 1978, e lá também desenvolvi minha formação acadêmica de pós-graduação, no mestrado (1984), doutorado (1992) e pós-doutorado (1995). Sempre interessado nas situações clínicas não-triviais ou em que o dispositivo clínico clássico da psicanálise encontra dificuldades em ser aplicado (clínica institucional de pacientes psicóticos, crianças autistas, deficientes e delinqüentes), fundei, com outros colegas, uma ONG de pesquisa e intervenção clínico-institucional da área de saúde mental (APPEC — Assistência e Pesquisa em Psicologia, Educação e Cultura), da qual sou diretor geral, e supervisor clínico de dois CAPSIs (Centros de Atenção Psicossocial Infanto-Juvenil) da rede municipal de saúde mental infanto-juvenil do Rio de Janeiro. No mesmo campo de atividades, sou membro do Fórum Interinstitucional da Saúde Mental da Criança e do Adolescente da Secretaria de Estado de Saúde do Rio de Janeiro e consultor do Ministério da Saúde para a área de Saúde Mental de Crianças e Adolescentes.

Ingressei na carreira acadêmica no Instituto de Psicologia da Universidade do Estado do Rio de Janeiro (IP/Uerj) em março de 1993, como professor-adjunto. Em 2000 tornei-me o primeiro professor titular da área de psicanálise deste mesmo instituto.

No plano de formação psicanalítica, sou membro fundador e analista membro do Laço Analítico Escola de Psicanálise, que existe desde 1998 em três cidades brasileiras (Rio de Janeiro, Varginha e Cuiabá), nas quais também exerço a prática clínica como psicanalista.

Sou autor de *Corpo e sexualidade em Freud e Lacan* (Rio de Janeiro, Uapê, 1995) e co-organizador do livro *Psicanálise, clínica e pesquisa*, do Programa de Pós-Graduação em Psicanálise do IP/Uerj, além de autor de inúmeros artigos na área de psicanálise.

Psicanálise **PASSO-A-PASSO**

- **O adolescente e o outro**
  Sonia Alberti
- **Mito e psicanálise**
  Ana Vicentini de Azevedo
- **Sonhos**
  Ana Costa
- **Édipo**
- **Psicanálise com crianças**
  Teresinha Costa
- **Freud: criador da psicanálise**
- **Lacan, o grande freudiano**
  Marco Antonio Coutinho Jorge e Nadiá Paulo Ferreira
- **A sublimação**
  Orlando Cruxên
- **Freud e a religião**
  Sérgio Nazar David
- **O conceito de sujeito**
  Luciano Elia
- **A teoria do amor**
  Nadiá Paulo Ferreira
- **Histeria: o caso Dora**
  Nadiá Paulo Ferreira e Marcus Alexandre Motta
- **A interpretação**
  Laéria Fontenele
- **Freud e a cultura**
  Betty Fuks
- **Política e psicanálise**
  Ricardo Goldenberg
- **A psicose**
  Andréa M.C. Guerra
- **Angústia**
  Sonia Leite
- **Linguagem e psicanálise**
  Leila Longo
- **Para que serve a psicanálise**
- **A transferência**
  Denise Maurano
- **Depressão e melancolia**
  Urania Tourinho Peres
- **Feminino/masculino**
  Maria Cristina Poli
- **Os outros em Lacan**
  Antonio Quinet
- **A neurose obsessiva**
  Maria Anita Carneiro Ribeiro
- **Arte e psicanálise**
- **Cinema, imagem e psicanálise**
  Tania Rivera
- **Trauma**
  Ana Maria Rudge
- **A paixão**
  Marcus André Vieira
- **Educação e psicanálise**
  Rinaldo Voltolini